AIプロデューサー

人とAIの連携

山口 高平 著

序文

　現在、第3次AI（人工知能）ブームが続いており、社会実装されるAIシステムが普及してきた。AIは、元来、情報工学の一分野を形成する専門用語であったが、AIブームが進む中で、日常生活で使われる社会用語にもなり、AIに関心を寄せる人が増えてきた。

　しかしながら、その一方で、AI技術を正しく理解していないために、様々な混乱も起こり始めている。AIは、情報システムを知的にするための技術の総称であり、AI技術は数百程度に分化され、異なるAI技術を使えば、人・組織・社会への影響も変化し、使うべきAI技術を特定することが重要にも関わらず、そのような精緻なレベルのAI議論に至らず、雑駁なレベルで議論が留まる結果、有用な行動に至らないケースが多いと感じている。

　以上の背景により、本書では、第3次AIブームでよく取り上げられる機械学習・ディープラーニングなどの特定AI技術だけでなく、AI技術全体を俯瞰するとともに、様々なAI技術の適用可能性と限界を正しく認識することを理解し、その正しい認識に基づいて、現場における有用なAIシステムを提言できる人材を「AIプロデューサー」と呼び、その人材育成が急務であることを提言することにした。AIプロデューサーは、AI技術の可能性を探る工学的視点と、AI技術を業務にどう役立てるかという経営学的視点を兼ね備え、人とAIの有用な連携の仕組みを設計し、提言できる人材である。

　また、本書では、技術論と一般論だけでなく、筆者による、7種類の問題領域における実践AIシステムの研究開発事例を通して、AIプロデューサーの在り方を考察していく。(1) 製造業では、生産管理オントロジーを利用して、標準版と自社の生産管理を比較し、自社の改善点を気づかせる仕組みを説明する。(2) 社会インフラでは、高速道路を取り上げ、ETC点検業務を支援するAIスマートグラス、雪氷対策作業スケジューリングに関する教育システムの開発方法とその効果について説明する。(3) サービス業では、日本語で記述された業務プロセスをPythonプログラムに自動変換するPRINTEPSというツールを利用して、ロボット喫茶店とうどん板前ロボットの開発例を説明し、近未来社会におけるAIロボットの可能性につ

いて言及する。(4) 教育分野では、PRINTEPSを利用した、小学校における教師ロボット連携授業の取り組みを紹介し、教師と児童達の受け止め方を紹介する。(5) 観光分野では、高速道路の休息施設で時間のあるユーザに、地域の観光地・飲食店を推薦するスマートフォンアプリを実際に利用してもらう社会実験を通して、効果と課題について整理する。(6) 間接業務については、大学における出張旅費申請を例題にして、BRMSとWebサービスの連携により、実際にどの程度、申請業務時間が短縮されるか、その効果について述べる。(7) グループ討論支援については、小学生と大学生のグループ討論にAIシステムを参加させ、どのような場面でどのような発言をしたかを紹介し、可能性と限界について説明し、最終的にAIプロデューサーという新しいAI人材の可能性と必要性についてまとめる。

なお、本書は、放送大学テレビ番組（BS 231ch）数理・データサイエンス・AI専門講座『AIプロデューサー〜人とAIの連携〜』8回番組をよりよく理解するための印刷教材という役割を担っている。また、各回の番組は、講義、ゲストとの対談、まとめから構成されているが、本書は、講義内容を中心に、よりよく理解するための印刷教材という位置づけである。番組第1回から番組第8回が、第1章から第8章に対応している。

以上の事を踏まえて、放送大学テレビ番組『AIプロデューサー〜人とAIの連携〜』も併せて視聴して頂ければ幸いである。

2022年7月
山口 高平

目次

序文 3

第1章　AI技術の変遷の概要

1.1　はじめに 10
1.2　第1次AIブームとAI基礎技術 11
　1.2.1　汎用問題解決器GPS 11
　1.2.2　導出原理に基づく定理証明 11
　1.2.3　刺激反応モデルによる対話システムELIZA 13
　1.2.4　ロボット行動計画器STRIPS 13
　1.2.5　単純パーセプトロン 15
　1.2.6　第1次AIブームの終焉 16
1.3　第1次AI停滞期とMYCIN 17
　1.3.1　MYCINの知識表現 18
　1.3.2　推論エンジンと説明機能 19
1.4　第2次AIブームとエキスパートシステム、機械学習 22
　1.4.1　第2次AIブームとエキスパートシステム 22
　1.4.2　第5世代コンピュータ 23
　1.4.3　第2次AIブームと機械学習 25
1.5　第2次AI停滞期とディープラーニングの誕生 37
　1.5.1　ディープラーニング誕生の背景 38
　1.5.2　畳み込みニューラルネットワーク(CNN) 40
1.6　第3次AIブームとディープラーニング 42
　1.6.1　画像処理向けディープラーニングの発展 42
　1.6.2　言語処理向けディープラーニング 44
1.7　現在のAIシステム開発体制と課題 48
　1.7.1　我が国のAI人材育成計画 48
　1.7.2　現在のAIシステム開発体制 49
　1.7.3　今後のAIシステム開発体制 50

第2章　製造業とAI

- 2.1　スマート工場 54
- 2.2　オントロジーと知識グラフ 54
- 2.3　SCMとSCORモデル 56
- 2.4　SCORオントロジー 58
- 2.5　SCOR現場モデルの改善 62
- 2.6　強化学習 65
  - 2.6.1　ロボット動作における強化学習 65
- 2.7　まとめ 67

第3章　社会インフラとAI

- 3.1　交通インフラの現状と画像処理ディープラーニング 70
- 3.2　熟達化5段階モデルと知識の分類 71
  - 3.2.1　熟達化5段階モデル 71
  - 3.2.2　知識の分類 72
  - 3.2.3　知識ベース開発過程 73
- 3.3　知識推論AIによる高速道路ETC点検AIスマートグラス 75
- 3.4　知識推論AIによる雪氷対策業務支援 79
  - 3.4.1　雪氷対策業務支援システムの構成 79
  - 3.4.2　雪氷対策業務支援システムの実行 80
  - 3.4.3　雪氷対策業務教育システムとして評価 81
- 3.5　まとめ 83

第4章　サービス業とAIロボット

- 4.1　ロボット研究開発の歴史 86
- 4.2　PRINTEPSによる統合知能アプリケーションの開発 87
  - 4.2.1　要素知能の連携による統合知能 87
  - 4.2.2　PRINTEPSの概要 88
- 4.3　マルチロボット喫茶店 93
- 4.4　うどん板前ロボット 95
- 4.5　まとめ 97

第5章　教育とAIロボット

- 5.1　各国の小学校AI教育 100
- 5.2　PRINTEPSによる教師ロボット連携授業 102
  - 5.2.1　教師向けシナリオエディタ 102
  - 5.2.2　慶應義塾幼稚舎での実践 103
  - 5.2.3　杉並区立浜田山小学校での実践 105
  - 5.2.4　児童達の感想 107
- 5.3　教師ロボット連携授業の普及に向けて 107
  - 5.3.1　教師ロボット連携授業知識再利用ツール 108
  - 5.3.2　教師向けAIロボットセミナー 109
- 5.4　ロボットプログラミング授業（演習） 110
  - 5.4.1　演習で利用する小型ロボット 110
  - 5.4.2　ロボットプログラミング環境 111
  - 5.4.3　自動配達ロボットプログラミング演習 112
- 5.5　まとめ 114

第6章　観光とAI

- 6.1　検索エンジンと推薦システム 116
- 6.2　高速道路SAから観光地への立ち寄り推薦システムの要求分析 ... 118
- 6.3　観光地立ち寄り推薦アプリと知識グラフ 121
- 6.4　観光地・飲食店立ち寄り推薦システムの実証実験と評価 124
- 6.5　まとめ 127

第7章　間接業務とAI

- 7.1　RPAとBRMS ... 130
- 7.2　大学における出張旅費申請業務 ... 130
  - 7.2.1　出張旅費申請に関する業務ルール ... 132
  - 7.2.2　出張旅費申請支援システムのデモ ... 133
- 7.3　出張旅費申請支援システムの導入実験と評価 ... 135
  - 7.3.1　申請側の評価 ... 135
  - 7.3.2　点検側の評価 ... 136
- 7.4　ドキュメント意味検索エンジン ... 136
- 7.5　まとめ ... 139

第8章　グループ討論とAI、まとめ

- 8.1　小学生グループ討論AIロボット ... 142
- 8.2　大学生グループ討論AI ... 144
- 8.3　全章の振り返り ... 148
- 8.4　AIプロデューサーに向けて ... 151

- あとがき ... 153
- 参考文献 ... 154
- 索引 ... 158

- 著者紹介 ... 163

第1章
AI技術の変遷の概要

　本章では、AI研究が開始された1956年から現在までを、第1次AIブームに研究されたAI基礎技術、第1次AI停滞期に推進された感染症診断システムMYCIN、第2次AIブームを牽引したエキスパートシステムの社会実装と第5世代コンピュータ、および機械学習と多層パーセプトロン、第2次AI停滞期におけるディープラーニングの誕生、第3次AIブームを牽引するディープラーニングの展開と普及、というように5期に分けて、重要なAI技術を説明した後、本書のテーマであるAIプロデューサーの必要性について述べる。

1.1　はじめに

まず、AI技術の変遷について述べる。

表1.1に、過去66年間(執筆時期は2022年)を1956年のAI誕生〜1960年代の第1次AIブーム、1970年代の第1次AI停滞期、1980年代〜1990年代半ばの第2次AIブーム、1990年代半ば〜2010年頃までの第2次AI停滞期、2010年頃から現在まで続いている第3次AIブームという5期に分け、また、知識を利用した推論系AI(知識推論AI)とデータから知識を自動的に学習するAI(データ学習AI)にAIを大別して、5期における知識推論AI技術とデータ学習AI技術の変遷過程を示した。以下、1.2節〜1.6節まで、各期別にAI技術の変遷を説明し、1.7節で、現在のAIシステム開発体制の課題について述べた後、AIプロデューサーという新しいAI人材の必要性について説明する。

表1.1　AI技術の変遷

年代(ブーム/停滞期)	知識推論AI	データ学習AI
1956年　1:ダートマス会議でAI誕生		
1960年代 (第1次AIブーム)	2:手段目標解析、導出原理、 刺激反応モデルによる対話、 ロボット行動計画	3:機械学習の定義 単純パーセプトロン
1970年代 (第1次AI停滞期)	4:MYCIN、知識表現の提案	5:機械学習の基礎考察
1980年代〜1990年代半ば (第2次AIブーム)	6:エキスパートシステム 第5世代コンピュータ	7:代表的な機械学習 (決定木学習、ベイジアンネット、相関ルール、SVMなど)と多層パーセプトロン
1990年代半ば〜2010年頃 (第2次AI停滞期)	8:大規模オントロジー・ ナレッジグラフ	9:過学習・学習時間の課題、 ディープラーニングの誕生
2010年〜 (第3次AIブーム)	10:クイズAIワトソン事業化、 Project Debater	11:ディープラーニング (画像認識、言語処理、 生成型)

1.2　第1次AIブームとAI基礎技術

　1956年8月に、米国のニューハンプシャー州のダートマス大学で開催されたダートマス会議では、人の知的な振る舞いを実現するソフトウェアの研究をAI(Artificial Intelligence：人工知能)と呼び、1960年代に第1次AIブームが起こり、以下のようなAI基礎技術が提案された。以下、順に説明する[1]。

(1) 汎用問題解決器GPS
(2) 導出原理に基づく定理証明
(3) 刺激反応モデルによる対話システムELIZA
(4) ロボット行動計画STRIPS
(5) 単純パーセプトロン

1.2.1　汎用問題解決器GPS

　1957年、AIの父と称される、ハーバート・アレクサンダー・サイモン(Herbert Alexander Simon)とアレン・ニューウェル(Allen Newell)が、汎用問題解決器GPS(General Problem Solver)を提唱した。GPSでは、汎用問題解決方法として手段―目標解析MEA(Means-Ends Analysis)が実現されたが、MEAとは、初期状態と目標状態の差異を小さくするオペレータ（操作）を選択して連続的に適用していく問題解決方法であり、数学の定理証明、チェスのようなボードゲームなど、記号で表現できる多くの問題に適用可能であることが示された。MEAは、問題内容に依存しない汎用問題解決方法ではあるが、問題を記号レベルで形式的に表現できることが前提条件であり、現実世界の問題は形式化できないことも多いことから、実問題にはあまり適用できないという批判を受け、次第に利用されなくなった。

1.2.2　導出原理に基づく定理証明

　コンピュータによる定理自動証明は、1960年代、いくつかの方法が提案

されたが、証明過程の管理が複雑であったために普及しなかった。しかし、1965年、ジョン・アラン・ロビンソン(John Alan Robinson)により提案された導出原理(Resolution Principle)は、三段論法と単一化(unification)という代入操作だけで、定理証明の自動化を実現する方法であり、コンピュータによる実現容易性から、研究者から支持を受け、1970年代の論理型 AI プログラミング言語 Prolog（プロローグ。Programming in Logic）、および1980年代の日本の第5世代コンピュータの理論的基盤と継承されていった。導出原理に基づく定理証明は、様々な事柄を論理式で表現した後、背理法を利用し、証明したい事項の否定文から、導出原理を適用して矛盾を導出し、その証明したい事項が正しいことを示す間接証明法である。

例えば、

```
(A) 全ての人間は死ぬ運命にある：∀ X(MAN(X) → MORTAL(X))
(B) 太郎は人間である：MAN（"太郎"）から、
(C) 太郎は死ぬ運命にある：MORTAL（"太郎"）
```

を証明してみよう。

まず、

```
(A) MAN(X) → MORTAL(X)
(B) MAN（"太郎"）
(C)～ MORTAL（"太郎"）  証明したい事項の否定
```

が入力論理式の集合となり、(A) と (B) に導出原理を適用して、

```
(D) MORTAL（"太郎"）（X に"太郎"を代入）
```

(C) と (D) に導出原理を適用して、

```
(E) 空（正しいことは何も存在しないという意味なので、矛盾）
```

が導出され、よって、(C)（太郎は死ぬ運命にある）が正しいことが証明されることになる。

1.2.3　刺激反応モデルによる対話システムELIZA

1964年から1966年にかけて、ジョセフ・ワイゼンバウム(Joseph Weizenbaum)が、世界初の対話AIシステムELIZA（イライザ）を開発した。ELIZAでは、入力対話文のあるキーワードと照合するパターンを利用して応答する。例えば、ユーザ「私の名前は…です」という対話入力文に対して、ELIZA「やあ、…さん、お元気ですか？」という応答パターンを利用して応答する。ELIZAは、精神分析医による診察に応用され（この応用システムはDOCTORと呼ばれた）、患者「俺は、みんなが俺を笑っていることが分かっていたんだ」（＜みんな＞に対する応答パターンを利用して）→ELIZA「特に誰のことを考えていますか？」（患者の発言中にキーワードが見つからなければ）ELIZA「なぜそう思うのですか？」と応答する。

ELIZAはパブロフの犬の実験のように「刺激と反応のモデル」にしかすぎず、知能は感じられないとして、ELIZAは人工無能と揶揄されたが、今、普及しているAIチャットボットの原点になったシステムであり、DOCTORでは、患者とかなり会話が続くケースもあり、人が理解するとは何か？という、根源的な疑問を突き付けたと言える。なお、スマートフォンiPhoneに搭載された会話AIであるSiriに「ELIZAについて教えて。」と尋ねると、「彼女は私の最初の先生だったんですよ。」、「私はELIZAから多くを学びました。でも彼女は少しマイナス思考でしたね。」のようなコメントを返す。

1.2.4　ロボット行動計画器STRIPS

初期状態（問題が与えられた状態）からゴール状態（問題が解かれた状態）に移行するパス（経路）としての解決方法を見つける方法が探索であるが、探索研究の応用例として、1960年代にロボットの行動自動計画の研究が始まり、1971年、リチャード・ファイクス(Richard Fikes)とニルス・ニルソン(Nils Nilsson)により、STRIPS(Stanford Research Institute Problem

Solver、ストリプス) が開発された。STRIPSは、＜初期状態＞＜目標状態＞＜オペレータ＞（状態を変化させる操作）から構成され、行動は＜事前条件＋行動＋結果＞により記述される。例えば、図1.1のように、ドアで連結されているルーム a とルーム b を考えると、＜初期状態＞は、以下のように表現できる。

図1.1　部屋の初期状態

---

at(a)：ロボットがルーム a に居る。
clean(a)：ルーム a は、清掃されている。
dust(b)：ルーム b には、ほこりがある。

＜目標状態＞を clean(a) ∧ clean(b) として、以下の2種類の＜オペレータ＞を用意する。

オペレータ１：
＜事前条件＞ at(X),clean(X)
＜行動＞ move(X,Y)：ロボットがルーム X からルーム Y に移動
＜結果＞ at(Y)

オペレータ２：
＜事前条件＞ at(X),dust(X)
＜行動＞ cleanup(X)：ロボットがルーム X を掃除する
＜結果＞ dust(X) を clean(X) に更新

初期状態から、オペレータ１の事前条件が満足されて、行動が実行された結果 at(b) が生成され（図1.2）、その後、オペレータ２の事前条件が満足されて、行動が実行された結果、dust(b) が clean(b) に更新され、最終

的に clean(a) ∧ clean(b) となり、目標状態が達成される（図1.3）。

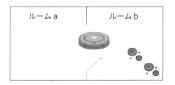

図1.2　部屋の途中の状態

図1.3　部屋の最終状態

より複雑な行動計画の生成には、GPS、導出原理、評価関数を利用した探索 A* アルゴリズムなどが適用されるが、今なお、ロボットの自律行動計画を考えるとき、STRIPS の考え方が基本になっている。

1.2.5　単純パーセプトロン

1958年、フランク・ローゼンブラット (Frank Rosenblatt) が、単純パーセプトロンを発案し、ニューラルネットワークの研究が開始された。単純パーセプトロンは、入力値として x1,x2,x3 が与えられ、各入力値にリンクに付した重み w1,w2,w3 を掛け合わせた合計値 f(x) = w1 × x1 + w2 × x2 + w3 × x3 を閾値 θ と比較して、f(x) > θ ならば1、f(x) < θ ならば0とするような、世界初のニューラルネットワークである。

例えば、猫か否かを判定する図1.4のような単純パーセプトロンを考えよう。動物の画像から、ひげの長さを x1、耳の長さを x2、あごの長さを x3 として抽出できるものとし、重みについては w1 = 0.3、w2 = 0.2、w3 = 0.5、f(x) の値が7以上ならば猫、7未満なら他の動物とする。

今、(x1,x2,x3) = (10cm,4cm,10cm)となるデータ1、(x1,x2,x3) = (6cm,2cm,5cm)となるデータ2が与えられたとすると、

データ1：f(x) = 0.3 × 10 + 0.2 × 4 + 0.5 × 10 = 8.8
データ2：f(x) = 0.3 × 6 + 0.2 × 2 + 0.5 × 5 = 4.7

と計算され、データ1が猫であり、データ2が猫でないと正しく判定できる。誤判定になった場合は、正しい判定になるように、重みの値を少しずつ調整していく。このような応用例がいくつも開発された。

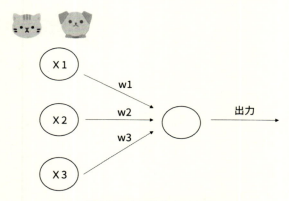

図1.4　猫を判定する単純パーセプトロン

1.2.6　第1次AIブームの終焉

　以上見てきたように、1960年代、記号主義AIでは、個別問題に依存しない、汎用的な知能アーキテクチャとして、GPS、導出原理、ロボット自律行動計画などの研究が進んだが、応用としては、数学の定理証明やボードゲームの解法に留まり、社会が期待する実問題（当時は機械翻訳への期待が大きかった）を解決できなかったため、記号主義AIはToy Problem（実問題ではなく、おもちゃのような問題）しか解けず、役に立たないと批判された。

また、ニューラルネットワークの研究においても、1969年、単純パーセプトロンで解決できる問題は、線形分離問題（異なるカテゴリに属する例を空間で表すと、それらを直線で分離して区別できる問題。曲線で分離する必要のある問題は、非線形分離問題と言われる）に限定され、AND 関数、OR 関数は学習できても、XOR 関数（エックスオア。eXclusive OR。排他的論理和。2入力が0と1（あるいは1と0）のとき、真になり、ともに0あるいは1のときは偽になる関数）すら、学習できないことがマービン・ミンスキー (Marvin Minsky) とシーモア・パパート (Seymour Papert) によって指摘され、ニューラルネットワークの研究についても、記号主義 AI と同様、1960年代で1回目のブームは終了し、1970年代は、停滞期に入っていった。

1.3　第1次AI停滞期とMYCIN

　本節では、1970年代の AI 停滞期に開発された、感染症診断システム MYCIN（マイシン）について説明する。1970年代は総じて AI の研究は沈滞したが、このような状況下で、スタンフォード大学では、エドワード・アルバート・ファイゲンバウム（Edward Albert Feigenbaum）教授らが中心となり、HPP(Heuristics Programming Project、ヒューリスティックスプログラミングプロジェクト)が開始された。ヒューリスティックスとは、全ての場合に正しい解が得られる保証はないが、概ね正しいケースを導く、経験的に得られた知識（経験則）を意味する。そのヒューリスティックスをコンピュータ内部で表現、利用、獲得するためのプロジェクトが HPP であり、専門家が持つ専門知識（経験則）を表現して利用することにより、専門家のように知的に振る舞うシステムをエキスパートシステム (Expert Systems、ES) と後に呼ぶようになる。

　特に HPP に関連して、MYCIN（マイシン）プロジェクトが推進された (1973～1976)。以下、MYCIN について詳しく説明する。

1.3.1　MYCINの知識表現

　スタンフォード大学大学院生であったエドワード・ショートリフ (Edward H. Shortliffe) 等が中心になって、医学部教員に感染症診断知識についてインタビューし、IF-THEN ルールとして表現した後、感染症診断（病原菌の同定）と治療（薬の投与法）を行う ES である MYCIN を開発した。以下、MYCINの仕組みについて説明する [2]。

　図1.5の上段が、インタビューにより得られた感染症診断ルールの英語表現であるが（中段はその和訳）、推論エンジンはこの英語表現を直接処理できないので、さらに下段の IF-THEN ルールの記号表現に変換する。

　条件部（IF 部）の構成要素を条件節、結論部（THEN 部）の構成要素を結論節と呼び、節は（O（= Object、対象）A（= Attribute、属性）V（= Value、値））により表現する。対象は人・もの・こと、属性は対象に属する性質、値は属性値であり、例えば、（サリー、年齢、40歳）のように、（O A V）表現を用いる。MYCIN の感染症診断ルール表現では、対象に対しては患者や細菌、属性に対して患者の病状や細菌の性質などが割り当てられ、500個程度の感染症診断ルールベース（ルールの集合体）が構築された。なお、これらのルールは経験則であるので、ルールが成立する確からしさを示す確信度 (Certainty Factor、CF) が0.1〜1.0の10段階で与えられた。

　ただし、このような記号表現形式のルールベースを構築するには長い時間を要する。なぜなら、多くの専門家は自分の知識を形式化しておらず、通常、過去の経験談を話すため、それらの過去の事例群を汎化し、IF-THEN ルールという記号表現にまとめる必要があり、大変な作業となる。このように、専門家にインタビューして悪構造の専門知識を整構造の記号表現に変換し、推論エンジンが操作可能な知識ベースを構築する作業を担うシステム開発者をナレッジエンジニアと呼んだ。なお、専門家から知識を獲得するためのインタビュープロセスが ES 開発時においてボトルネックとなったので、後年、知識獲得ボトルネックと呼ばれ、1980年代の第2次 AI ブームが終焉していく一つの原因となった。

(医者から獲得された感染症診断ルール)

IF　　1) the infection is primary-bacteremia, and
　　　2) the site of the culture is one of the sterile sites,
　　　and 3) the suspected portal of entry of the organism is the
　　　gasutrointestinal tract,

THEN there is suggestive evidence (0.7) that the identity of the organism is
Bacteroides.

(上記和訳)

もしも，　　1) 感染症が原発性菌血症で，
　かつ　2) 培養検体採取部位が通常無菌と考えられる部位で
　かつ　3) 細菌が侵入したと考えられる感染経路が消化管であるならば，

その時，その細菌の種類はバクテロイデスである可能性がある (確信度 0.7)

(コンピュータ内部の知識表現)

IF：　(1) (患者，感染症，原発性菌血症)，
　　　(2) (患者，検体採取部位，無菌部位)
　　　(3) (細菌，感染経路，消化管)
THEN： (細菌，種類，バクテロイデス) (CF=0.7)

図1.5　感染症診断ルールと知識表現

1.3.2　推論エンジンと説明機能

　図1.6に示すように、ルールベースを利用した推論エンジン(Inference Engine、IE)には、条件部から結論部に順方向に進んでいく前向き推論(Forward Reasoning)と、結論部から条件部に逆方向に進んでいく後ろ向き推論(Backward Reasoning)がある。

前向き推論（事前にデータが揃い，条件部成否を自動処理できる時）

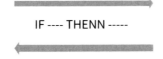

IF ---- THENN -----

後ろ向き推論（ユーザに確認しながら，条件部成否を確認する時）

図1.6　2種類の推論エンジン

　前向き推論では、観測データがワーキングメモリ WM(Working Memory、作業記憶)に保存され、推論エンジンが WM とルール条件部を照合し（照

合)、複数ルールの条件部が照合されれば、競合解消戦略（例えば、より多くの条件節を持つルールを優先するなど）により一つのルールを選出し（競合解消)、選出されたルール結論部を実行する（実行）という「認知－実行サイクル」を結論が得られるまで繰り返す。

　一方、後ろ向き推論では、あるルールの結論部が成立すると仮定した後、そのルールの条件部の条件節の成否を点検し、その条件節を結論部に持つ別のルールがあれば、そのルールを呼び出し、同様に、そのルールの条件部の条件節の成否を点検し、最終的にルール呼び出し不可能になった条件節に対して、その成否をユーザに確認する。

　診断型 ES を開発する場合、この2種類の推論エンジンの使い分けは、条件節の成否確認データがあらかじめ全て揃っているか否かに依存し、揃っていれば前向き推論、揃っておらずユーザに確認する必要があれば後ろ向き推論になる。例えば、プラント故障診断 ES において、計測データと関連付けてルールベースを開発した場合、前向き推論により開発する。医療診断の場合は、問診および追加検査により患者から獲得されるデータを利用して診断するため、後ろ向き推論となる（ただし、WM の保存データにより推論を実行できる部分は、一部、前向き推論となる)。MYCIN では、後ろ向き推論が利用され、ユーザが条件節成否について尋ねられたとき、ユーザは（いいえ）か（はい、確信度（はいの確からしさ）0.1～1.0）を入力し、ルール確信度とユーザ入力確信度を考慮して、結論の不確実性を計算する仕組みである「不確実性推論」が開発された。

　図1.7に、ユーザである医師と MYCIN の対話例を示す。M1) ～ M43) が MYCIN から医師への確認質問であり、医師がその質問に（いいえ）か（はい、確信度0.1～1.0）を入力する。M1) から M13) の MYCIN の一連の質問に医師が回答して、MYCIN は、推論途中経過として、「CSF（脳脊髄液）培養物は、髄膜炎に関連する」という中間仮説を提示している。MYCIN からの質問が続いた後、医師は、MYCIN からの M38) サリーは、やけどをしていますか？　という質問の背景的な意味（なぜ、この状況でこのような質問をするのか）を理解できないため、説明機能の Why コマンドを入力して説明を求めたところ、MYCIN はその質問提示に関与した条件節を持つルールを提示し、現在、結論節（感染症の原因は緑膿菌で

ある）を仮定したルールを処理しており、第4条件節の成否を確認するため、M38）の質問をしたと回答している。また、このルールの第3条件節は、MYCINが自動的に成立したと判断しており、医師がその成立理由を尋ねるために、説明機能How(3)（条件節(3)をどのように処理したのか？）と入力したところ、ルール500と501を使って推論したと回答している。

```
M1) 患者についての情報を入力して下さい。名前、年齢、性別、人種、…
医者：サリー、42歳、女性、白人、…
M2) サリーから採取された陽性検体培養物がありますか？
医者：いいえ
M3) サリーから懸濁の検体培養物がありますか？
医者：はい。
M4) 部位、採取日：染色標本のチェック、採取方法を入力して下さい。
医者：CSF （脳脊髄液）:3-Jun-75 :Yes :尿
M5) CSF培養物の標本に細菌が見られましたか？
医者：いいえ。
・・・
M13) サリーは、最近、頭痛や目眩や倦怠感が続いていますか？
医者：(はい、0.6)
(MYCIN中間仮説) CSF培養物は、髄膜炎に関連すると考えられる。
・・・
M37) サリーの臨床歴に中耳炎がありますか？
医者：はい。
M38) サリーは、やけどをしていますか？
医者：Why
(MYCIN) 現在、下記のルールを使って診断しており、あなたに★条件
節の成否を確認しました。

IF
☆ (1) 治療を必要とする感染症は髄膜炎である。
☆ (2) CSF培養物の標本に細菌は含まれていない。
☆ (3) 感染症の型は細菌によるものである。
★ (4) 患者は重度のやけどをしている。
THEN
感染症を引き起こした原因菌の一つは、緑膿菌である。
医者：HOW (3)
（どのようにして、第3条件節、感染症の型は細菌によるものであると分かったのか？）
MYCIN：以下の2つのルールにより感染症の型が細菌によるものであると推論した。
ルール 500 0.4 ルール 501 0.6
・・・
MYCIN：サリーの感染症を引き起こした病原菌は、以下のように推測する。
①サリーの感染症は「髄膜炎」である。
②その髄膜炎を引き起こしている病原菌は、「ミコバクテリウム」「コクシジオイデス」「酵母菌」の可能性がある。
```

図1.7　MYCINと医師の対話例

このように、ユーザがMYCINの振る舞い（MYCINが提示する質問や結論）に疑問を持ったとき、ユーザがWhyとHowコマンドによりMYCINに説明を求めることができる。現在、説明できるAI、XAI(eXplainable AI)が重要な研究テーマになっているが、MYCINでは、結論に至った推論プロセスをユーザに提示することを通して、ユーザからの信頼を得ようとする説明機能を半世紀近くも前に提唱していたことは大いに評価すべきであろう。また、診断性能は65％程度となり、医者は80％程度であったので、医者を支援するレベルには到達できたと評価された。

このように、MYCINの成功を受けて、ファイゲンバウム教授は、専門家の知識をコンピュータ内で表現・利用・獲得するための新しいAI研究分野、知識工学(Knowledge Engineering)を提唱し、第2次AIブームの基盤技術になっていく。

1.4　第2次AIブームとエキスパートシステム、機械学習

本節では、第2次AIブームを牽引したエキスパートシステムと機械学習について述べる。

1.4.1　第2次AIブームとエキスパートシステム

1980年代、専門家のように振る舞える知的システムを、ES(Expert Systems、エキスパートシステム)と呼ぶようになった。ESの最大の特色は、知識ベースと推論エンジンを分離したことにある。専門家の持つ専門知識は、過去の経験に基づくため修正されることが多く、専門知識と、その利用方法である推論を、プログラム中に混在させて記述すると、専門知識の修正がプログラムレベルでは様々な箇所に波及し、修正コストが大きくなる。このことから、専門知識をシステム化する場合、知識ベースと推論エンジンを分離することが鍵となった。

しかしながら、ESの出現当時は、この開発方法の重要性が理解されず、知識ベースと推論エンジンを分離する意義はどこにあるのか？　という質問がよく発せられた。この質問は、ESを適用するべき問題の特性を理解していないことに起因する。すなわち、システム化される問題は、整構造問題(Well-Defined Problem)と、悪構造問題(Ill-Defined Problem)に二分される。整構造問題は、処理手順が明確であり、修正が頻繁に起こらないため、従来のプログラミング言語での開発が可能である。一方、悪構造問題は、処理手順が不明確で、修正が頻繁に起こるため、プログラミング言語で開発すると修正維持コストが大きくなる。そのため、知識ベースと推論エンジンを分離するES開発方法論が適している。

図1.8にESの構造を示す。ESの骨格部3要素は、知識ベースと推論エンジンと作業領域であり、周辺部3要素は、知識獲得、説明機能、対話インタフェースである。1980年代は、骨格部を中心にしてESの開発が進み、コンピュータ、鉄鋼、建設、電力、石油、化学、機械、ビジネスなど、様々な産業界で、診断、スケジューリング、設計支援などのESが開発された。

開発数は、全世界で約 5,000、日本国内では約 1,000 にも及び、ES は第 2 次 AI ブームの牽引者となった。

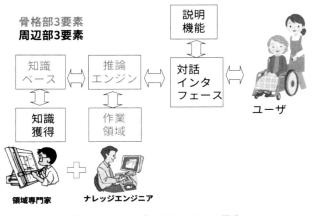

図1.8　エキスパートシステムの構造

1.4.2　第5世代コンピュータ

1980年代は、産業界において、知識ベースと推論エンジンから構成される ES に大きな関心が寄せられるようになったが、その一方で、1982年には、日本最初の AI 研究プロジェクトとして、述語論理に基づく推論を高速実行する並列推論マシンとその OS を構築するという、第5世代コンピュータ (Fifth Generation Computing Systems、FGCS) の研究開発が開始された [3]。

それまで、ほとんどの AI 研究が欧米発であった状況下で、日本が大規模な国家プロジェクトとして FGCS を立ち上げたことは世界からの注目を集めた。FGCS プロジェクトは、1982年から1992年までの11年間続き、国から570億円もの大型研究資金が投下された。最終的には、1,000台規模の並列推論マシンと並列論理型言語 KL1 を核とする FGCS プロトタイプシステムが完成し、1秒間に5億回の演繹推論（導出原理）を実行できる最高速推論マシンを完成させた。

FGCSは学術的・技術的・人材育成には貢献したものの、産業界への貢献は小さかったと評価されている。確かに、FGCSは大規模並列推論エンジンによる推論高速化に貢献したが、大規模知識ベースの開発への貢献は希薄であった（図1.9）。米国のAIプロジェクトCYC（サイク）では、百科事典レベルの大規模知識ベースを研究開発し、今なお継続されている。しかしながら、FGCSでは、そのような大規模知識ベースの試みはなされなかった。

　大規模知識ベースがあれば、推論エンジンにより様々な知識が連携され、その効用も大きい。一方、小規模知識ベースの場合、その効用は分かりにくい。また、大規模知識ベースが開発されても、推論エンジンが脆弱であれば、結果もまた然りである。知識情報処理システムという巨大な車を前進させるには、知識ベースと推論エンジンの両輪のバランスが重要であったと言え（図1.10）、この考え方は今なお健在である。

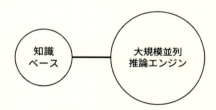

図1.9　第5世代コンピュータFGCS

図1.10　知識情報処理システム

1.4.3　第 2 次 AI ブームと機械学習

　機械学習は、コンピュータが、データ群に内在するパターン（知識）を自動的に発見する。機械学習は、人が観測データと答え（判断結果）を与える教師あり学習と、観測データだけを与える教師なし学習に大別される（第 3 の機械学習として強化学習があるが、これは第 2 章で説明する）。教師あり学習の手法の一つである決定木学習は、人が学習結果を理解しやすく、説明容易性が高いことから、1979 年に提案された方法であるが、今なお利用されている。一方、教師なし学習の代表的な手法である K-means 法とは、あらかじめ決められた基準によって、データ群を自動的に分割するクラスタリングを実行する方法である。

　以下、教師あり学習のアルゴリズムとして、

(1) 決定木学習
(2) 確率的に考えていくナイーブベイズ
(3) POS データを利用した購買分析によく利用される相関ルール
(4) 線ではなく帯で分離するサポートベクターマシン (Support Vector Machine、SVM)
(5) 複数の決定木の多数決から判断するランダムフォレスト
(6) 単純パーセプトロンを発展させた多層パーセプトロン

について解説する [4,5]。

(1) 決定木学習

　決定木学習では、木のルートノード（木構造における枝分かれの始まりになっている要素）からリーフノード（木構造における枝分かれの最後になっている要素）までに記述されている全ての条件を実行することにより、所与データを分類する木を学習する。以下、エントロピーによる決定木学習について説明する。

　エントロピーは、$-\Sigma\ p_i \times \log_2 p_i$ bit によって計算される平均情報量であり、情報の不確からしさを示す（p_i は i 番目の事象の生起確率）。従っ

て、決定木学習とは、エントロピーがより小さい（より確かである＝特定クラスに属するデータに偏っている）下位ノードを構築するプロセスであり、最小エントロピーとなる属性を順次選択して、決定木を学習していく。以下、気象条件とゴルフプレイ可否の関係を記したデータを用い、エントロピーに基づく決定木学習プロセスを解説する（表1.2）。

表1.2　気象条件とゴルフプレイのデータ

天気	温度	湿度	風	ゴルフプレイ
晴	暑	高	無	×
晴	暑	高	有	×
曇	暑	高	無	○
雨	暖	高	無	○
雨	涼	普通	無	○
雨	涼	普通	有	×
曇	涼	普通	有	○
晴	暖	高	無	×
晴	涼	普通	無	○
雨	暖	普通	無	○
晴	暖	普通	有	○
曇	暖	高	有	○
曇	暑	普通	無	○
雨	暖	高	有	×

　本データセットは、天気（晴、曇、雨の3値を取る）、温度（暑、暖、涼の3値を取る）、湿度（高、普通の2値を取る）、風（有、無の2値を取る）の4種類の属性、およびゴルフプレイ可（○）と不可（×）の2クラスから構成される。これらの組み合わせにより、14個のデータから構成される。

　まず、各属性でデータセットを分割した様子を示す。最初の分割属性として天気を選択し、下位ノードの○と×の数を、［○の数, ×の数］のように表記すると、晴の場合［2,3］、曇の場合［4,0］、雨の場合［3,2］となる。すなわち、これらのノードの情報量は、以下のようになる（infoにより情報量を表す）。

info(［2,3］) = 0.971　　info(［4,0］) = 0.0
info(［3,2］) = 0.971

エントロピーは、これらの平均情報量なので、各ノードのデータ数を考慮し、以下のように求められる。

info([2,3],[4,0],[3,2]) = (5/14)×0.971 + (4/14)×0 + (5/14)×0.971 = 0.693

同様に、他の属性である温度、湿度、風を選択した場合のエントロピーを求めても、天気よりは小さくならないため、ルートノードで天気属性によりデータを分割する。この後、天気が曇の場合は、ゴルフプレイ○と確定できるものの、晴と雨の場合は○と×が依然混在するため、前述と同様のプロセスで決定木を成長させ、晴れの場合は湿度、雨の場合は風を選択し、最終的に図1.11のような決定木を学習できる。

図1.11では、全てのリーフノードが単一クラスになっている。しかし、現実データでは、このような理想的な状況にはならないため、データをこれ以上分割できなくなった時点で、決定木学習を停止させる。

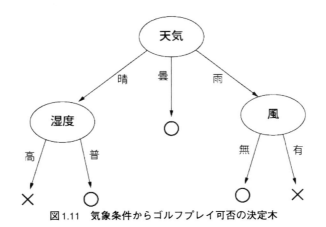

図1.11　気象条件からゴルフプレイ可否の決定木

(2) ナイーブベイズ

ナイーブベイズは、あるデータがどのカテゴリに属するのかを判定する

機械学習である。表1.3は、表1.2を再構成した表となる。ゴルフプレイ可（○）と不可（×）からデータを分類しており、各属性値の頻度（3〜5行目の晴曇雨）と尤度（6〜8行目の晴曇雨）を示している。尤度とは、ある仮説下で起こる生起確率である。例えば、ゴルフプレイ可（○）が9データある中で、天気が晴となるデータ数は二つあるため、その尤度は2/9となる。

表1.3　気象データのクラス分布と尤度

天気	○	×	温度	○	×	湿度	○	×	風	○	×	ゴルフ	○	×
晴	2	3	暑	2	2	高	3	4	無	6	2		9	5
曇	4	0	暖	4	2	普通	6	1	有	3	3		−	−
雨	3	2	涼	3	1	−	−	−	−	−	−		−	−
晴	2/9	3/5	暑	2/9	2/5	高	3/9	4/5	無	6/9	2/5		9/14	5/14
曇	4/9	0/5	暖	4/9	2/5	普通	6/9	1/5	有	3/9	3/5		−	−
雨	3/9	2/5	涼	3/9	1/5	−	−	−	−	−	−		−	−

表1.4　新規データ

天気	温度	湿度	風	○/×
晴	涼	高	有	?

ここで、表1.4のような新規データが与えられたとき、ゴルフをする（○）と、ゴルフをしない（×）の尤度を計算しよう。○×（ゴルフをする／しない）の尤度は、以下のように算出できる。

○の尤度 = 2/9 × 3/9 × 3/9 × 3/9 × 9/14 = 0.0053（正規化して20.5％）

×の尤度＝ 3/5 × 1/5 × 4/5 × 3/5 × 5/14 ＝ 0.0206（正規化して 79.5％）

　この単純で直感的な推定法は、条件付き確率に関するベイズ則に基づいている。ベイズ則では、仮説 H と関連する事象 E がある場合、以下のように表すことができる。

P(H|E) ＝ P(E|H) × P(H)/P (E)

　事象 A の確率を P(A) と表示し、事象 B のもとで事象 A が生じる確率を P(A|B) と表す。仮説 H を、ゴルフをする（○）とした場合、以下のようになる。

P(E|H) ＝ P(晴|○) × P(涼|○) × P(高|○) × P(有|○)
　　　 ＝ 2/9 × 3/9 × 3/9 × 3/9

ここで、P(H) ＝ 9/14 である（P(E) は正規化して1となる）。これにより、以下の値が導き出される。

P(H|E) ＝ P(E|H) × P(H) ＝ 2/9 × 3/9 × 3/9 × 3/9 × 9/14 ＝ 0.0053（正規化して 20.5％）

　この値は、上記の○の尤度と同一である。この考え方による推定法を、ナイーブベイズと呼ぶ。ベイズ則は主観確率を利用しているため、確率論からすると課題が残るものの、迷惑メールの検出、レコメンデーションなどに応用され、機械学習でよく利用されているアルゴリズムの一つになっている。

(3) 相関ルール学習
　相関 (Association) とは、ある事象が発生すると別の事象が発生しやすい

という共起性を意味する。また、A →B という相関ルールは、A という事象が起こると B という事象も起こりやすいことを意味する。表1.5に、簡易購買トランザクションデータを示す。これを用いて、相関ルール学習の第1ステップである最小支持度（出現率）を満たす多頻度アイテム集合を求める方法について説明する。

表1.5 購買トランザクションデータ

TID	購買アイテム
1	ミルク、パン、バター
2	ミルク、パン、ジャム
3	ミルク、マーガリン
4	パン、バター
5	ミルク、パン、バター、ジャム
6	マーガリン
7	ミルク、パン、ジャム、マーガリン
8	ジャム

最小支持度（出現率）を3/8とすれば、データを読み込んで商品数1の多頻度アイテム F1 を求めると、F1 は3回以上出現する一つの購買アイテムなので、全ての購買アイテムが F1 に含まれることになる。

F1 = {ミルク、パン、バター、ジャム、マーガリン}

次に F1 を利用して、商品数2の多頻度アイテム集合候補 C2 を生成すると、以下のようになる。

C2 = （ミルク、パン）4（ミルク、バター）2（ミルク、ジャム）3（ミルク、マーガリン）2（パン、バター）3（パン、ジャム）3（パン、マーガリン）1（バター、ジャム）1（バター、マーガリン）0（ジャム、マーガリン）1
※末尾の数字は、アイテム集合の出現回数

最小支持度3/8から、3回以上出現している商品数2の多頻度アイテム集

合 F2 に、以下のようになる。

F2 ＝（ミルク、パン）（ミルク、ジャム）（パン、バター）（パン、ジャム）

さらに F2 を利用して、商品数 3 の多頻度アイテム集合候補 C3 は、以下のようになる。

C3 ＝（ミルク、パン、ジャム）3（ミルク、パン、バター）2（パン、ジャム、バター）1

同様にして、商品数 3 の多頻度アイテム集合 F3 は、C3 から（ミルク、パン、ジャム）だけが残る。また、F3 から C4 は作成できないため、ここで停止する。これにより、F3 が最長の最小支持度（出現率）を満たす多頻度アイテム集合であり、F3 から、IF ミルク、パン THEN ジャムのようなルールを全て生成し、想定した最小確信度を超えたルールを相関ルールとする。

バスケット分析とは、買い物客の買い物かごに含まれている商品構成を分析することで、相関ルールがよく利用されている。日本のあるスーパーマーケットでは、過去に、初めてペットボトルの近くにプチトマトを陳列した。生鮮食品とペットボトルでは賞味期限が異なるので、従来のスーパーマーケットの常識では、賞味期限の異なる商品は近くに配列しないというルールがあったそうである。ところが、POS データを相関ルールにより購買分析すると、プチトマトを買う人はトマトジュースも一緒に買っている傾向があり、それならば一度やってみようということで、賞味期限が違っても、プチトマトとトマトジュースを並べて陳列してみたところ、約 3 割も売り上げが伸びたそうである。この事例は、データを利用した機械学習が業界の常識を変革できる可能性を示唆していると言える。

(4) サポートベクターマシン

サポートベクターマシン (Support Vector Machine、SVM) は、教師あ

り学習を用いるパターン認識モデルの一つで、線ではなく帯で分離する、高精度の機械学習である。図1.12は、犬と猫の体長と、ひげの長さに関する散布図である（数値は、実際の犬と猫を計測したものではない。一例として考えて頂きたい）。

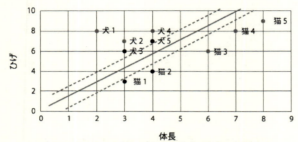

図1.12　犬と猫の体長とひげの長さに関する散布図

　単純パーセプトロンを適用すると、境界線より上にあれば犬、下にあれば猫になるような直線を求めるために、入力パラメータ（体長、ひげの長さ）に重みをかけた値と、閾値との大小比較により犬か猫かを識別する。識別を誤った場合、その重みを少しずつ修正していく。
　しかし、この直線によってなんとか識別できても、新しい未知データでは誤識別となるケースが出てくるため、線ではなく帯で分離する機械学習、サポートベクターマシンSVMが考案された。SVMでは、サポートベクトルと呼ばれる境界線近傍データだけに注目する（図1.12では犬3、犬5、猫1、猫2）。また、サポートベクトルと境界線間の距離をマージンと呼び、直線ではなく、できるだけ幅広の帯によって犬と猫のグループを分類する。この結果、未知データの誤識別が少なくなるという利点が生まれる。
　SVMでは、境界線に近いサポートベクトルだけを対象とし（他のデータは考慮しない）、このマージンを最大化して、未知データの識別精度を高める。さらに、このマージン最大化(1)と、識別精度(2)をともに考慮し、(1)の逆数を取れば、(1)と(2)ともに最小化することになるので、MIN(1/(1) + C × (2))を、ソフトマージン最小化と呼ぶ。なお、Cは人が与える誤識別許容パラメータで、Cを大きくすると誤識別数が少なくなるが、C

の値は、タスクに依存して変える必要がある。

　カーネル法とは、カーネルトリックにより、複雑なデータに内在する非線形関係を線形関係に変換する仕組みである。問題を簡単化するために、低次元から高次元に変換する。通常、問題を簡単化するには、高次元から低次元に変換するので、逆ではないかと思うかもしれないが、以下、説明していく。

　SVMは二つのクラスを識別する識別器を構成するための学習法である。画像認識のように、多クラスを識別するには、複数のSVMを組み合わせることになる。また、ソフトマージンの最小化だけでは、本質的に非線形で複雑な識別課題には対応できないため、非線形問題の対応策として、カーネル法が考案された。

表1.6　犬猫の体長とひげのデータ

ID	x（体長）	y（ひげ）	$Z = (x+y-39)^2$
1	10	12	289
2	15	12	144
3	20	10	81
4	22	10	49
5	34	11	36
6	35	13	81
7	39	12	144
8	38	12	121
9	25	12	4
10	28	12	1
11	27	11	1

　表1.6は、11匹の犬猫の体長とひげの長さの計測結果である。ID1～8が犬で、ID9～11が猫である。x列（体長）を見ると、3匹の猫の体長はほぼ同じことが分かる。犬については、猫より体長が短い小型犬と、体長

が長い中型犬が混在していることが分かる。また y 列（ひげの長さ）を見ると、ひげは10〜13cmの範囲内で、あまり差はない。

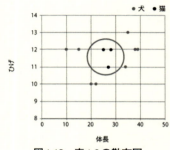

図1.13　表1.6の散布図

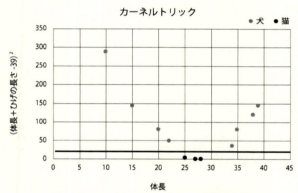

図1.14　カーネルトリックによる線形分離

　図1.13は、表1.6の散布図である（グレーが犬、黒が猫）。図1.12では、グレーの点と黒点を1本の直線で分離できないため、図示したように円などで分離する必要があり、計算が複雑になる。そこで、カーネルトリックを使う。11匹の犬猫データについて、z ＝（体長＋ひげの長さ− 39)^{2}を適用する（このような適切な関数をデータごとに考える必要がある）。その結果が、表1.6の最右列の z 列である。

　図1.14は、横軸を x 軸、縦軸を z 軸にした散布図であり（グレーが犬、

黒が猫)、1本の水平線で犬と猫を分離できるようになった(実際は、x、y、zの3次元散布図を作り、平面で分離する)。このカーネル法により、SVMの性能が大きく向上した。データが大量、複雑でも分析可能となり、手書き文字認識、音声認識、言語処理、検索エンジン、推薦システムなど、多くの分野で適用されている。

(5) ランダムフォレスト

ランダムフォレストは、図1.15に示すように、複数の異なる決定木の識別結果を統合する機械学習である。以下、ランダムフォレストの実行手順を示す(STEP1～3)。

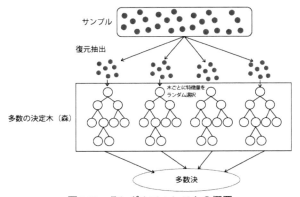

図1.15　ランダムフォレストの概要

STEP1：標本データから、ランダムサンプリング(復元抽出)により、複数データを作成する。
作成したデータが類似すると、似通った判断をする決定木を学習してしまうので、データが類似しないように注意する。
STEP2：各データから複数(最大数百程度)の決定木(決定木群＝森、フォレスト)を学習する
1.3.3-(1)でエントロピーによる分割属性選択を説明したが、エントロピーの代わりにランダム分割属性選択やGini Indexを利用するなど、決

定木の分割属性選択方法を変えて、分類プロセスが異なる決定木を学習させる。
STEP3：フォレスト（複数の異なる決定木）から多数決により、フォレストの判断を決定する

図1.16に、3クラスに分類するデータ(a)に対する、決定木分類結果(b)と、ランダムフォレスト分類結果(c)を示す。決定木分類では、大きな矩形により分類しているため、赤（丸形）に青（菱形）と緑（四角形）が多く混在し、分類精度が劣化している。一方、ランダムフォレスト分類では、データに依存して様々な決定木を使うことから、大きな矩形と小さな矩形が組み合わさったような形状となる。その結果、大きな赤（丸形）の矩形の中に緑（四角形）と青（菱形）の小さな矩形が入り込み、誤認識が防がれ、分類精度が向上する（誤認識が防げないケースもある）。

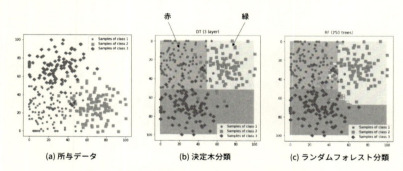

図1.16　決定木分類とランダムフォレストの比較[4]

(6) 多層パーセプトロン

多層パーセプトロンとは、複数の形式ニューロンが多層に接続した構造を持つニューラルネットワークの一つである（図1.17）。1.2.5項で紹介した、入力層と出力層を直結した単純パーセプトロンは、1969年、直線で分離できる線形分離問題のみに適用可能であること、また曲線で分離する非線形分離問題には適用できないことが示されたため、1970年代は、ニュー

ラルネットワークへの関心は低くなったが、1986年、デビッド・ラメルハート(David E. Rumelhart)らが、入力層と出力層の間に、隠れ層(中間層)と呼ばれる層を追加することで単純パーセプトロンを多層にし、バックプロパゲーション(誤差逆伝播法)で学習させれば、非線形分離問題も解決できることを示した。これにより、1980年代後半から、第2次ニューラルネットワークブームが起こり、多くの分野で応用された。

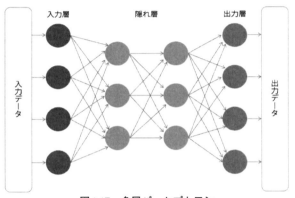

図1.17　多層パーセプトロン

1.5　第2次AI停滞期とディープラーニングの誕生

　まず、エキスパートシステムについては、専門家から専門知識を獲得するためのインタビューに非常に長い時間がかかり、これは知識獲得ボトルネックと呼ばれ、1990年代半ば以降はエキスパートシステムは全く開発されなくなった。

　また、機械学習で流行した多層パーセプトロンでは、応用例が増えていくにつれて、二つの課題が明らかになってきた。第1の課題はOverfitting(オーバーフィッティング、過学習)である。これは学習時に利用するデー

タ（訓練データ）を多く与えると精度は向上するが、訓練データに適合しすぎて、未知データを認識する精度が低くなる問題が明らかになってきた。第2の課題は、隠れ層を増やせば増やすほど、認識精度は向上するが、学習時間が途端に長くなる問題である。私も当時、プラント故障問題などに多層パーセプトロンを利用したが、コンピュータ（当時はワークステーション）を3日から4日実行し続ける必要があった。このような課題が明らかになってきたために、1990年代、多層パーセプトロンへの関心は薄れていった。

第2次AI停滞期では、第2次AIブームで明らかになった課題を解決するために、知識推論AIについては「オントロジーと知識グラフ」、データ学習AIについては、ディープラーニングの研究が開始された。オントロジーと知識グラフにつきましては、第2回で説明するので、以下、ディープラーニングの誕生について説明する。

1.5.1　ディープラーニング誕生の背景

第2次AI停滞期は、インターネット元年と呼ばれる1995年頃と重なり、社会の関心はAIではなく、インターネット・Webに移行した。ただし、この第2次AI停滞期に、Webに大規模データが集積され、コンピュータ処理速度が向上するなど、情報通信環境が整備され、ディープラーニング（深層学習）という新たなニューラルネットワークの実行環境が整うことにもなり、2010年頃から始まる第3世代AIブームの準備期にもなるのである。

ディープラーニングの誕生を説明する前に、以前の説明と一部重複するが、図1.18に、ニューラルネットワーク研究の歴史をまとめたので、この歴史について説明する。

1960年代に登場した、単純パーセプトロンと呼ばれる第1次ニューラルネットワークは、入力層と出力層が直結し、性能は線形分離問題（直線で分離できる問題）に限定されていたため、1970年代以降には衰退した。

1980年代に登場した、多層パーセプトロンと呼ばれる第2次ニューラルネットワークは、入力層と出力層の間に隠れ層（中間層）を持ち、非線形

1.5 第2次AI停滞期とディープラーニングの誕生

図1.18 ニューラルネットワークにおける変遷

分離問題（曲線で分離する問題）も扱えるようになったため、注目された。しかしながら、過学習問題（訓練データに過度に適合し、未知データの判別性能が低下する）と、長い学習時間（構造が複雑になると性能は向上するが、学習時間が急に長くなる）という新たな課題が明らかになり、また、サポートベクターマシン(SVM)の性能が多層パーセプトロンより良いことが判明し、衰退していった。

その後、画像処理専用装置のGPU(Graphic Processing Unit)がディープラーニング専用装置として転用可能になり、さらにビッグデータが普及してきた結果、第3次ニューラルネットワークとしてのディープラーニングの実行環境が整い、ディープラーニングの高い認識精度が示され、多くの人が注目し、第3次AIブームが起こり、今なお、続いているといえる。

以下、ディープラーニングの基本である、畳み込みニューラルネットワークについて説明する。

1.5.2　畳み込みニューラルネットワーク(CNN)

　1979年、日本の情報工学者である福島邦彦氏（ファジィシステム研究所）は、猫の視覚野の研究を参考にし、ネオコグニトロン(Neocognitron)を提案した。ネオコグニトロンでは、図形の特徴を抽出する単純型細胞(simple cell)と、位置ずれを吸収する複雑型細胞(complex cell)を複数回適用し、局所的特徴を大局的特徴に変換する仕組みが考案された。

　さらに1989年、ルカン(Yann André LeCun、ニューヨーク市立大学、旧Facebook社、現メタ・プラットフォームズ社)が、単純型細胞と複雑型細胞のモデルを、バックプロパゲーション（誤差逆伝播法）と連携させたニューラルネットワークを提案した。これが、畳み込みニューラルネットワーク(Convolutional Neural Network、CNN)と呼ばれ、さらに多くの改良研究が続いた結果、画像認識精度が格段に向上し、多くの分野で利用されるに至っている。

(1) 畳み込みとプーリング

　CNNは、入力層、複数回の畳み込み層とプーリング層のペア、全結合層、出力層から構成される。図1.19は、車種を認識するCNNの例である[6]。一番左の入力層が車画像で、その隣の2画像は、中間層を表している。この中間層のうち、左側の図は線レベルの特徴（縦横斜め）を、右側の図は中間層で図形レベルの特徴（タイヤ、窓など）を抽出している。そして、一番右側の図が、出力層が認識された車種である（実際の出力は、Audi0.9、BMW0.2のように、全ての車種に対して識別確率が付与された、確率ベクトルになる）。

　図1.20に示した畳み込み処理では、入力画像の局所部分に対して、特定形状（特徴）を表す格子状フィルタの内積を計算し、その内積値を特徴マップとする。この後、入力画像全体との重ね合わせが終了するまで、少しずらしながら（ずらし量をストライドと呼ぶ）同様の処理を繰り返す。図1.20では、ストライドを2とし、2×2の特徴マップが生成されている。そして、プーリング層では、2×2の特徴マップから代表値（最大値が多い）を抽出し、入力画像局所部分における、フィルタで表現された特定形状の表

1.5 第2次AI停滞期とディープラーニングの誕生

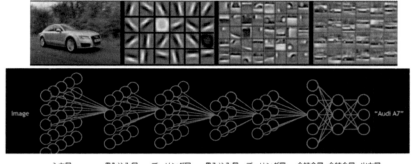

入力層　畳み込み層　プーリング層　畳み込み層　プーリング層　全結合層　全結合層　出力層
図1.19　車種を認識するCNN

出量が計算される。複数のフィルタを利用するので、複数の特徴マップが得られることになり、この特徴マップの枚数をチャネルと呼ぶ[7]。

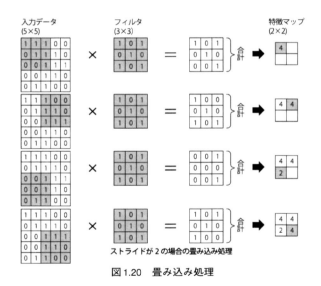

図1.20　畳み込み処理

(2) フィルタの学習

　CNNでは、バックプロパゲーションにより学習を実行する。学習にお

いては、多層パーセプトロンと同様、全結合層の結合重みを学習する以外に、フィルタの値も学習する。これが、CNNの大きな特色である。従来の機械学習では、線や図形レベルの特徴を人が考えて与えることが必要で、それが大きなコストになっていた。その点CNNでは、フィルタの数値を変化させ、適切なフィルタの数値を学習することが可能になった。その結果、線や図形レベルの適切な特徴を自動的に求めることができるようになり、学習精度の向上に大きく貢献した。CNNには、この他にもフィルタ学習方法の詳細、活性化関数、ドロップアウト（結合欠落による過学習抑制）など、様々な構成要素が含まれるが、ここでは、割愛する。

1.6　第3次AIブームとディープラーニング

本節では、画像処理向けディープラーニングCNNの発展、言語処理向けディープラーニングBERTの発展を中心に、ディープラーニングの発展について述べる。

1.6.1　画像処理向けディープラーニングの発展

2010年から2017年まで、ILSVRC(ImageNet Large Scale Visual Recognition Challenge)と呼ばれる画像認識コンテストが開催された。ImageNetは、約1,400万枚の教師付き画像、約2万カテゴリを有する大規模画像データベースである。コンテストでは、この中から1,000カテゴリ、学習データ120万枚、検証データ5万枚、テストデータ10万枚からなる画像データベースを利用して、画像認識精度（エラー率の低さ）を競う[8]。

図1.21は、ILSVRCコンテストの結果を示す。縦軸は、最良の機械学習システムのエラー率（上位5位までに正解が含まれていなければエラーとする）、横軸は、2010年～2017年（右から左）における最良の機械学習システム名である。紛らわしい画像も多いので、人間でも5％程度のエラーを起こす。2011年までの、1.4.3項で説明してきた従来の機械学習では、

25％程度のエラー率であった。しかし、2012年から参加したAlexNet（8層のCNN）のエラー率は、前年度から10％程度も低い16.4％を達成し、ディープラーニングが社会に広まる出来事になった。その後も、改良されたCNNが毎年参加し、2014年のGoogleNet（22層のCNN）は6.7％、2015年のResNet（152層のCNN）は3.57％、さらに2017年のSeNetでは2.3％のエラー率となり、ついにコンピュータの目が人の目を超えたと言われるようになった。

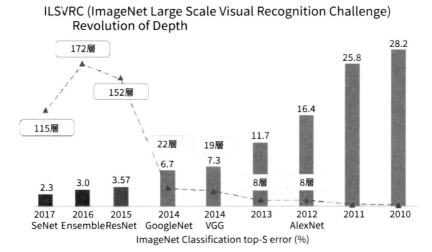

図1.21　ILSVRCコンテストにおける画像認識結果[8]

ILSVRCコンテストの結果からも分かるように、2012年から2017年までのCNNの進展には目を見張るものがある。そして現在、工場での不良品検査、医療画像診断など、CNNは多くの分野で利用されるようになった。

しかしながら、CNNは画像の意味を考えずに学習するため、例えば図1.19（車種の画像認識）において、背景画像に木が多く映っていれば、その車種はAudiと認識するような、とんでもない学習をしてしまう危険性もある。

1.6.2　言語処理向けディープラーニング

　人々が日常利用している言語（日本語、英語など）は自然言語と呼ばれ、自然言語をコンピュータで扱うことを自然言語処理と呼ぶ。自然言語処理は、文を意味の最小単位である形態素（単語は形態素よりも大きな意味単位であり、例えば、再出発は、再と出発という二つの形態素から成る一つの単語である）を分析し、構文解析は、形態素間の係り受けなどの関係を解析することであり、ここまでは、現在の自然言語処理技術により、かなり高い精度で処理できる。例えば、日本語形態素解析ツールにはMeCab[1]、日本語構文解析ツールには、CaboCha[2]などがある。

　しかしながら、さらに高度な自然言語処理として、複数の文間の関係（代名詞が指す単語の推定など）を求める文脈解析、同音異義語の意味を識別する意味解析では、現在の技術では難しい。例えば、「昨日、レストランの焼き肉を食べて、おいしかったよ」と「昨日見た演劇では、脇役が主役を食っていたよ」という 二つの会話で、食べるという単語の意味が異なることは、人なら分かるが、コンピュータには理解できない。この状況を一変させようとしている研究開発が、自然言語処理向けのディープラーニングである。以下、順を追って説明していく。

(1) 単語分散表現とWord2Vec

　前項で説明した画像処理向けのディープラーニングでは、画像は画素の位置と色の値を表す数値ベクトル（行列）により表現され、CNNでは、重みなどの数値の変化による適応プロセスにより、学習を実行した。この方法に倣うと、自然言語による文章は単語系列なので、単語系列を数値ベクトルに変換することが必要になり、その変換方法として、局所表現と分散表現が考察された。

　代表的な局所表現は、One-hotベクトル表現である。これは、一つの要素だけが1で、他の要素は全て0になるベクトルである。この局所表現を

---

1. http://taku910.github.io/mecab/
2. http://taku910.github.io/cabocha/

使うと、「昨日の夜、洋食店でステーキを食べた」「一昨日の夜、中華料理店でラーメンを食べた」という2文が与えられると、「食べた」という単語が二つの文章に含まれるという、同一性判断には利用できるが、その他の単語間の関連性は分からない。

そこで、ある単語と他の単語との関連性を統計的に表現する、単語の分散表現という研究が開始された。分散表現は、人間が未知事項を既知事項と関連付けて理解するという認知科学の知見と関係する。分散表現では、文脈を集計してベクトル表現（共起頻度行列）を作成し、ある単語と近傍に出現した単語群との関連性（共起回数）を計算する。

図1.22は文献[9]からの単語分散表現の例であるが、ParisとFrance、LondonとEnglandという単語ペアが、単語のベクトル空間内で近くに配置され、距離やベクトル角度が同じになっている。

本文献ではこの他に、king − man + woman = queen というベクトル演算が示され、単語分散表現が注目されることになった。

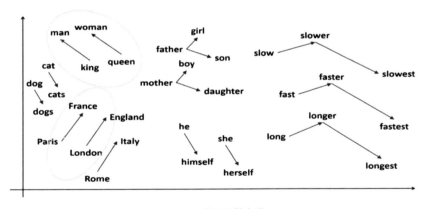

図1.22　単語分散表現

単語分散表現は注目されたが、膨大な計算量が課題であった。それを解決したのが Word2Vec で、入力層・中間層・出力層という単純なニューラルネットワークで処理できる[10]。Word2Vec は、Skip-Gram(Continuous Skip-Gram Model) と CBOW(Continuous Bag-of-Words Model) とい

う二つの教師有り学習に分かれる。Skip-Gramは、中心語から周辺語を予測し、CBOWは、周辺語から中心語を予測する。

図1.23は、前述の文「昨日の夜、洋食店でステーキを食べた」において、ステーキを中心語、その他を周辺語としてCBOWに与えた状況である。このようなテキストを大量に与え教師有り学習を進め、中間層に単語分散表現が学習される。

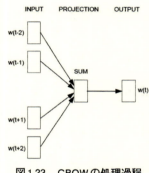

図1.23　CBOWの処理過程

なお、日本マイクロソフト社が開発した、AIチャット「りんな」の対話システムに、Word2Vecが利用されている。

(2) Transformer、BERT

実用日本語語彙51,249語では、文脈に依存して意味が変化する多義語は14,301語（28％）、意味が変化しない単義語は36,948語（72％）とされている。Word2Vecでは、周辺語との関係から単語の意味を一つの内部状態として学習するため、多義性を扱うことができない。この問題を解決するために、ある入力情報から適切な出力情報を得るために、入出力とは異なる情報のどの部分を参照すべきかを学習するAttentionという仕組みが、機械翻訳モデルとして考案されるとともに、Transformerでは、Self-Attentionという、一つの入力系列データの中で参照すべき部分を学習する仕組みが提案され、所与データ自身の要素間の類似度と重要度を計算する[11]。

そして、Transformer を12層または24層重ねた巨大な言語処理向けのディープラーニングBERTがGoogleにより提案された[12]。BERTでは、Wikipediaから大量の記事を利用して、自己教師学習により、以下の二つのタスクを事前学習させた。

> ① マスク言語モデル(Masked Language Model：MLM)穴埋めクイズ
>
> The man went to ? store.(? ＝ milk)
> He bought a gallon ? milk.(? ＝ of)
>
> ② 後継文予測(Next Sentence Prediction：NSP)隣接文クイズ
>
> A：The man went to ? store
> B：He bought a gallon ? milk. A の後継文が B

　この結果、"He is running a company"と"He is running a marathon"に含まれる多義語 running に対して異なった単語分散表現を構成し、多義語が扱えるようになり、GLUE（一般言語理解評価用データセット）、およびSQuAD（スタンフォード質問応答データセット）において最高性能を発揮し、2019年度以降、BERT改良版の研究開発が続けられている。現在、BERT改良版は、平均的な人の常識推論能力を超える状況にまで精度が向上している。

　常識推論は長年のAIの課題であったが、BERTの登場により一変したと言える。しかしながら、BERTは単語分散表現の発展版なので、意味を深く理解しながら深い議論をすることはできない。この点については、知識推論AIの研究が必要であり、次世代AI研究として、ディープラーニングと知識推論AIの統合が考察されている。

　さらに、画像やテキストを自動生成するディープラーニングGPT-3が、第3のディープラーニングとして登場し、画像や動画やテキストを自動生成し、深く観察、あるいは読み込めば、見分けが付くケースが多いが、人が創作したものと見分けが付きにくいケースも出てくるまで発展している。このように、画像処理、言語処理、メディア生成という3種類のディープラーニングが現在の第3次AIブームをリードしているといえる。

1.7 現在のAIシステム開発体制と課題

本節では、我が国のAI人材育成計画、および、現在のAIシステム開発体制とその課題について述べる。

1.7.1 我が国のAI人材育成計画

2019年3月、統合イノベーション戦略推進会議において、日本におけるAI人材育成の加速化を図るため理数IT教育を中心とした教育改革と産業界における人材育成活用改革の両輪でAI人材育成を推進する、図1.24のようなAI人材育成計画が発表された。

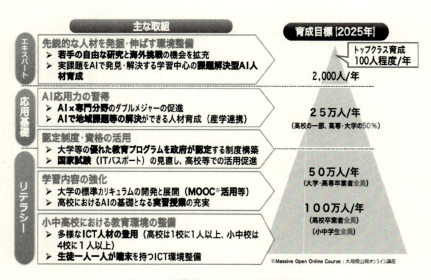

図1.24 内閣府によるAI人材育成計画

図1.24の右側の三角形が、日本におけるAI教育、データサイエンス教育を議論するときによく参照される。小学校から高等学校までの生徒全員にAI教育を実施し、年に100万人の生徒達がAI教育を受けることを目標としている。さらに、大学、高等専門学校の学生50万人には、より進んだAIリテラシー教育を実施する計画であり、2022年現在、全国レベルでAI

教育体制の整備が進められている状況である。

1.7.2　現在のAIシステム開発体制

現在我が国でも、様々なAIシステムの開発が進んでいるが、図1.25に、典型的なAIシステム開発体制を示す。右側にユーザ企業、左側にAIベンダーが位置付けられ、ユーザ企業がAIベンダーにAIシステムを発注することになる。

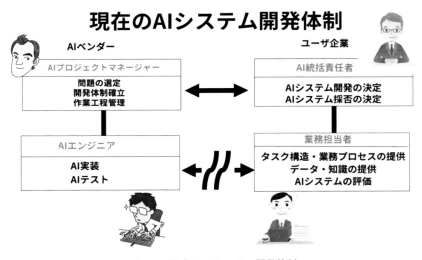

図1.25　現在のAIシステム開発体制

ユーザ企業が資金を提供し、ユーザ企業のAI統括責任者がAIプロジェクトのトップとなり、開発進捗状況とか予算を管理していく。また、ユーザ企業の業務担当者は、AIベンダーに業務内容を説明し、必要なデータや知識を提供し、AIシステムの評価の場面でも立ち会うことになる。

一方、AIベンダー側からは、工程を管理するAIプロジェクトマネージャー、AIシステムの開発に直接携わるAIエンジニアが参加する。

開発現場では、AIエンジニアが業務担当者にインタビューして、データ・重要な知識を獲得しながら、AIシステムを開発していくが、AIシステムの成否は、ある意味このコミュニケーションプロセスで決定される。

AIエンジニアは、得てして技術主導で開発を進める傾向があり、その一方、業務担当者は、自分の業務を詳しく述べるだけであり、その結果、お互いが有機的に連携しながら良いAIシステムの開発を進める体制にならず、開発されたAIシステムを使ってみると、ユーザ企業からは、最初の要求とはかなり異なるということがしばしば起こっている（これは、我が国の通常の情報システム開発でも、しばしば起こる現象ではあるが）。

1.7.3　今後のAIシステム開発体制

前項で述べた状況から、ユーザとベンダーの懸け橋になるような人材が新たに必要であると言える。今後、AIシステムの開発プロセスにおいて、業務もAIも基礎レベルで理解できており、業務担当者とAIエンジニアを仲介する橋渡しできる人材が必要であり、本書では、この新しい人材をAIプロデューサーと呼ぶことにする。

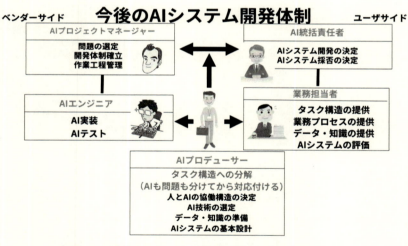

図1.26　今後のAIシステム開発体制とAIプロデューサー

具体的には、図1.26に示すように、業務全体を業務プロセスに細分化し、AI技術も具体的なAI技術に展開して、どの業務プロセスをどの具体的なAI技術に対応付ければ、人とAIがうまく連携・協働できるのかを考察す

ることにより、有用なAIシステムの基本設計を担う人材が、AIプロデューサーである。

　第2章から第8章まで、各産業分野における、筆者のAIシステム研究開発の経験に基づき、AIプロデューサーの人材像を探っていき、第8章の後半で、図1.26に示したAIプロデューサーの在り方について提言したい。

第2章
製造業とAI

　本章では、近未来の工場の在り方であるスマート工場の概念について述べた後、オントロジーと知識グラフ、サプライチェーンマネジメントの標準モデルSCORモデルについて述べ、知識推論AI技術に関連して、SCORオントロジーの構成方法について説明する。また、車の部品メーカーの工場における生産管理工程について、SCORオントロジーを利用して改善支援する方法について言及する。さらに、データ学習AIに関連して、第3の機械学習である強化学習について説明し、ロボットハンド動作への適用例を紹介する。

2.1 スマート工場

図2.1にスマート工場の概要を示す。スマート工場は、コンピュータ制御技術により工場生産ラインを自動化し、モノのインターネットであるIoT(Internet of Things)を利用して、機器間通信により機器同士を相互に制御させ、さらに、AI技術を利用して、高度な生産ラインを実現することを意味している。例えば、知識推論AI技術を利用して、高度に生産管理工程を管理し、ディープラーニングなどのデータ学習AI技術を利用して、不良品の自動検知を実現することなどを含んでいる。

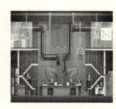

- コンピュータ制御技術による生産ラインの自動化
- IoTによる機器間情報交換による相互制御の実現
- AIによる生産ラインの高度化

図2.1　スマート工場の概要

2.2　オントロジーと知識グラフ

オントロジーは、コンピュータが意味を理解して推論するために利用される知識表現であり、具体的には、概念の上位下位関係（概念のIS-A関係）、および、プロパティと呼ばれる概念間の意味関係を定義する。また、このオントロジーを利用して、具体的な人・もの・こと間の意味関係を記述したデータが知識グラフ(Knowledge Graph)である。なお、知識グラフは、Googleの検索エンジンで利用された用語として普及したが、オントロジーの研究分野では、知識グラフではなくLOD(Linked Open Data)という用語を使うことが多い。以下、具体例を使って、オントロジーと知識グラフを説明する。

図2.2は、戦国時代のある事象をテーマにして、オントロジーと知識グラフにより表現したものである。

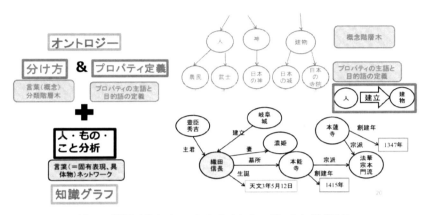

図2.2 戦国時代をテーマにしたオントロジーと知識グラフ

　図2.2の右側上位の階層木は、オントロジーの構成要素である概念のIS-A関係を表した階層木（以下、概念階層木と略す）である。概念は、言葉に対応させると、普通名詞に相当し、その一般性に依存して、概念階層木を作ることができる。この概念階層木の場合、人という上位概念の下に農民とか武士、建物という上位概念の下に日本の城とか日本の寺院という下位概念がある。建物の下位概念として、現代であれば、病院とか学校なども考えられるが、図2.2は戦国時代をテーマにしているので、そのような下位概念は出てこない。

　オントロジーの別の構成要素、プロパティは、言葉に対応させると、動詞とか形容詞に相当する。そのため、プロパティの主語になるべき概念と目的語になるべき概念を特定することにより、プロパティを定義することができる。図2.2の右側中位に、建立（建立するという意味で使っている）というプロパティが定義されているが、この定義を文章のパターンに対応させると、（主語：人）が（目的語：建物）を建立するという文章が成立することを意味している。

　図2.2の右側下位のネットワークが、具体的な人・もの・こと（固有表

現と呼ぶ）間の意味関係を表す知識グラフである。この知識グラフの左側で、「織田信長が、岐阜城を建立した」という事実が表現されている。織田信長は、武士という概念の具体例（インスタンス）であるので、武士という概念にリンクが貼られる。また、岐阜城は日本の城という概念のインスタンスであるので、日本の城という概念にリンクが貼られる。よって、プロパティ「建立する」の主語概念は武士で、目的語概念は日本の城になるが、概念階層木を利用して、武士から上位概念の人、日本の城から上位概念の建物に変えても、プロパティ「建立」は成立するので、建立の主語概念は人、目的語概念は建物に置き換えることができる。

2.3　SCMとSCORモデル

　本節では、製造業関連用語として、SCM(Supply Chain Management、サプライチェーンマネジメント)の関連用語について説明する。サプライチェーンとは、企業から顧客に商品が渡るまでのすべての生産・流通プロセスを示しており、原材料・部品の調達→生産（あるいは製造）→保管、物流→販売という一連のプロセスの連鎖（チェーン）を管理することが、サプライチェーンマネジメントになる。

　また、これらのプロセスを担当する企業は、この連鎖に沿って、サプライヤー→製造業→物流事業者→卸売事業者→小売事業者→顧客というようになる。

　通常、サプライチェーンマネジメントは、このような物の流れを情報の流れとして可視化され、特定のプロセスを最適化するのではなく、全体のバランスを考えて、全体のプロセスを最適化することを目標にしている。

　このような背景から、米国では、サプライチェーン協議会という組織から、サプライチェーンマネジメントの標準参照モデルが考察され、SCOR(Supply Chain Operation Reference) モデルが提唱された。SCORモデルとは、4種類の生産管理プロセス：「SOURCE(調達)」、「MAKE(生産)」、「DELIVER(受注・納入)」、「RETURN(返品)」、および、これらのプロセス

全体の「PLAN(計画)」を併せて、合計5種類の業務プロセスの標準参照モデルを指す。よって、各社の生産管理プロセスとSCORモデルを比較し、自社のモデルと標準参照モデルとの相違点を調べることにより、自社の生産管理工程を改善できる可能性があると考えられる。

図2.3に、SCORモデルのレベル1からレベル4を示す。

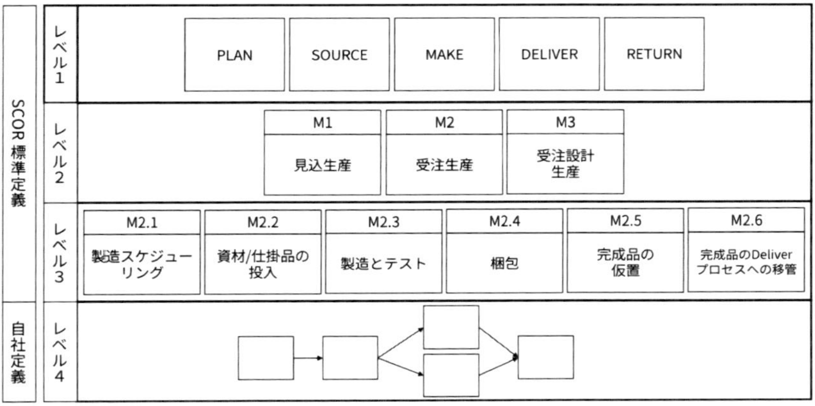

SCOR標準定義	レベル1	PLAN	SOURCE	MAKE	DELIVER	RETURN
	レベル2		M1 見込生産	M2 受注生産	M3 受注設計生産	
	レベル3	M2.1 製造スケジューリング	M2.2 資材/仕掛品の投入	M2.3 製造とテスト	M2.4 梱包	M2.5 完成品の仮置	M2.6 完成品のDeliverプロセスへの移管
自社定義	レベル4					

図2.3　SCORモデルのレベル1〜4

SCORレベル1は、最上位レベルであり、前段落で説明した、五つの業務プロセス、「PLAN(計画)」、「SOURCE(調達)」、「MAKE(生産)」、「DELIVER(受注・納入)」、「RETURN(返品)」を示す。

SCORレベル2は、SCORレベル1の各プロセスを分類・詳細化した「プロセスカテゴリー(Process Category)」である。例えば、SCORレベル1の「MAKE(生産)」プロセスは、「M1(見込生産)」、「M2(受注生産)」「M3(受注設計生産)」という3種類の生産カテゴリに分類される。

SCORレベル3は、SCORレベル2のプロセスカテゴリーを展開した「プロセス要素(Process Element)」の定義である。例えば、SCORレベル2の「M2受注生産」は、SCORレベル3では、プロセス要素として「M2.1製造スケジューリング」から「M2.6完成品のDeliverプロセスへの移管」に展開されて、定義される。

このプロセス要素の入力と出力を連携させることで、ワークフロー、あるいは情報フローを表現することができ、このSCORレベル3が生産管理工程の設計基準になる。
　SCORレベル4は、SCORレベル3のプロセス要素を利用して、各社の生産管理工程を具体的に表現したモデルになる。
　しかしながら、SCORモデルを工場現場に適用しようとすると問題が生じた。我が国の工場では、SCORモデルはあまり利用されておらず、生産管理用語が利用されて、各社の生産管理工程がモデル化されているケースが多いのである。そのため、SCORレベル4の自社の管理プロセスは（現状モデルなのでAs-Isモデルと呼ぶ）、SCORモデルではなく、生産管理用語を利用して表現する方が、工場現場の人に馴染みがあるといえる。
　以上のことから、生産管理用語により表現されたAs-IsモデルをSCORモデルに変換し、その変換されたAs-IsモデルをSCOR標準モデルであるTo-Beモデルと比較して、相違点を自動的に洗い出し、各社の生産管理工程の改善にフィードバックする、生産工程管理支援ツールの研究開発プロジェクトを開始することにした。
　また、SCORモデルでは、業務担当者「人」と業務の関係は、通常はモデル化されない。例えば、スタッフに余剰があり、人件費の無駄があるという課題は可視化されない。しかしながら、研究開発プロジェクトに参加した経営者層からは、人件費管理機能も必要であるという要望が出されたので、生産工程管理支援ツールに、人と業務の関係を可視化する機能も追加した。

2.4　SCORオントロジー

　本節では、SCORモデルに出現した様々な概念を定義するSCORオントロジーについて、図2.4を利用して説明する。SCORモデルのレベル2とレベル3に現れる概念については、SCORオントロジーでも同様に、レベル2とレベル3に現れる概念として定義を行う。

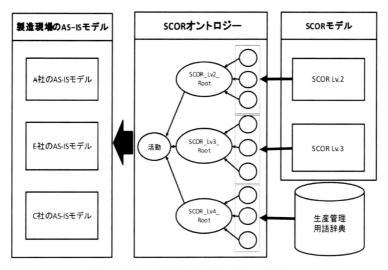

図2.4　SCORモデルとSCORオントロジー

しかし、SCORレベル4は、2.3節で述べたように、多くの企業がSCORではなくて生産管理用語を利用するので、生産管理用語辞典からSCORオントロジーのレベル4を構築し、SCORオントロジー全体を体系化していく必要がある。

図2.4において、SCORレベル3のノードとSCORレベル4のノードの間には、例えば、車はタイヤを持つというようなHAS-A関係が記述される。このHAS-A関係により、レベル3のノードとレベル4のノードが関連付けられ、生産管理用語がSCOR概念として認識される。

図2.4の左側では、各社の生産管理工程の現状モデルAs-Isモデルが記述され、このAs-Isモデルでは、生産管理用語が利用されているが、SCORオントロジーを利用して、生産管理用語をSCORレベル3に変換して、SCORモデルとして理解可能になる。

図2.5 が、SCORオントロジーの上位階層であり、ルート概念から、活動、制御構造、人工物、役割という四つの下位概念に展開される。活動は、SCORレベル2と3、生産管理用語に関連するレベル4に分かれる。制御構造は、生産管理プロセスの活動を制御するために、開始、終了、分岐、結

合に分かれる。人工物は設備、および生産管理プロセス活動の入出力になる情報と文書に分かれる。最後に、役割では、生産管理業務を担う人々の役割、現場で用いられる製品(部品)の役割が定義される。

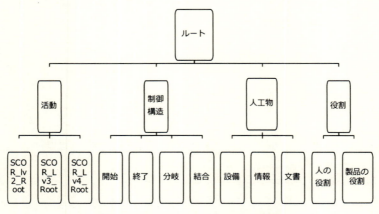

図 2.5　SCOR オントロジーの上位階層

　以下、活動の下位概念について、図 2.6 を利用して説明していく。SCORレベル 2 はプロセスカテゴリーなので、見込生産、受注生産、受注設計生産のように、生産方法の分類カテゴリーが下位概念として位置付けられる。
　SCOR レベル 3 は、SCOR レベル 2 のプロセスカテゴリーを展開したプロセス構成要素なので、受注生産カテゴリーを分解した場合、製造スケジューリング、資材仕掛品の投入、完成品の仮置き、完成品の配達プロセスへの移管というように展開される。
　SCOR レベル 4 は、SCOR の概念体系ではなく、生産管理用語の体系なので、工場の現場担当者は、この SCOR レベル 4 に現れる概念群を利用して、自社の生産管理プロセスを記述する。
　通常の SCOR ツールは、生産プロセスだけを可視化するが、2.3 節で述べたように、経営者層から、「人」と「もの」の生産プロセスへの関連性を可視化する要望が出されたので、図 2.7 に示す SCOR オントロジーでは、左側に、人と製品の役割、右側に、設備・製品・材料・文書・情報などを含む、人工物を定義した。

2.4 SCORオントロジー

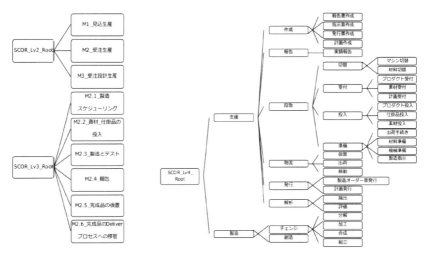

図2.6 SCORレベル2,3,4の下位概念

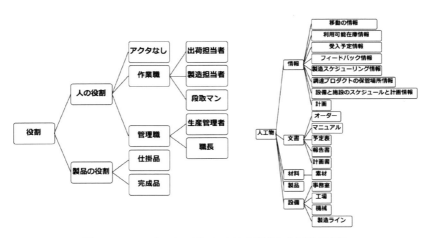

図2.7 SCORオントロジーにおける役割と人工物の定義

工場には、様々な役割を担った人達が勤務している。管理職には、職長と生産管理者、作業職には、作業の段取りを整える段取りマン、製造担当者、出荷担当者が勤務している。人工物については、設備は工場・機械・製造ラインなどに分かれ、製品はそのまま製品、材料は素材に変換されて、

61

文書はその内容によって予定表とか、報告書とか、計画書に分類されて、情報は移動情報・在庫情報・受入予定情報など、生産管理に関連する情報群に分類される。

2.5 SCOR現場モデルの改善

本節では、SCOR現場モデルであるレベル4とSCOR標準参照モデルを比較して、自社工場の生産管理工程を改善する方法について説明する。

前節で説明したように、最初に、SCORオントロジーを利用し、SCOR現場モデルのレベル4をレベル3に変換し、SCOR標準参照モデルのレベル3と比較して、この2種類のレベル3の相違点を列挙する。以下、比較照合アルゴリズムの詳細は省略し、比較照合の仕組みについて述べる。

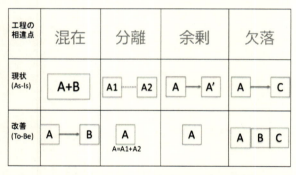

図2.8 SCOR標準モデルとSCOR現場モデルの比較と改善

図2.8に、生産管理工程に関連する四つの相違点と、その改善方法を示したが、人と人工物に関する相違点についても同様に処理する。第1の相違点「混在」は、標準モデルでは独立であるべきAとBの生産管理工程が、その工場では、一つに統合されてしまい、情報やものの流れが複雑になって、誤りが発生しやすい状態とみなして、AとBに分離すべきであるというような改善案が提示される。

第2の相違点「分離」は、「混在」と逆の関係で、Aという一つの工程がA1、A2に細分化されており、管理が困難になるので、Aに統合すべきであるというような改善案が提示される。

第3の相違点「余剰」は、類似した工程AとA'が散在しており、これは一つにまとめた方が、管理が容易になるので、Aに統合すべきであるというような改善案が提示される。

第4の相違点「欠落」は、例えば、ABCという流れが標準モデルにあるのに、工程Bが欠落していれば、それによって問題や不良が発生してしまう可能性があるので、AとCの間にBを新たに追加すべきであるというような改善案が提示される。

このようにして、改善案群を作業担当者に提示し、最後はシステムではなく、作業者担当者が、どの改善案を受け入れて、工場を改善していくべきかを考えることになる。

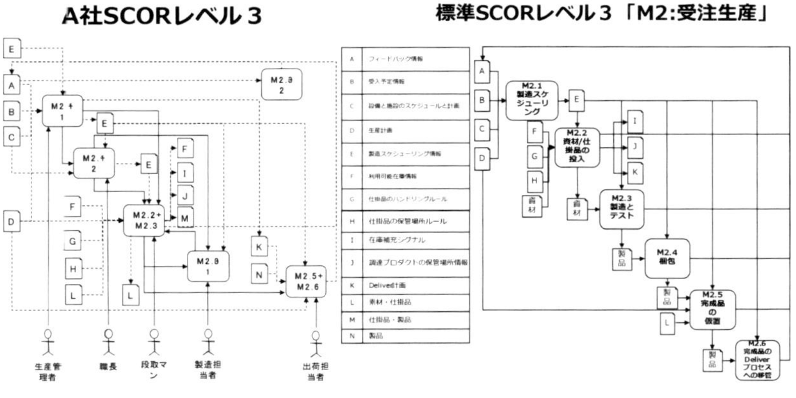

図2.9　SCOR現場モデル（左）とSCOR標準モデルの比較

図2.9に、受注生産に関連して、SCOR標準モデルとSCOR現場モデルを比較した具体例を示す。図2.9の左側に、車の部品メーカーA社のSCORレベル3、右側に標準参照SCORレベル3を記載した。この二つの図は、本生産工程管理支援ツールのユーザインタフェース画面に表示された図であ

るが、システム内部では、SCORオントロジーと知識グラフの内部表現を利用して、両者を比較し、相違点・改善案を提示している。図2.10に、本プロジェクトで開発した生産工程管理支援ツールを利用して記述した、人の役割別の生産工程プロセスの実行画面、および図2.11に図2.9に相当する本ツールの実行画面を示す。図2.11の実装実験では、22個の差異が提示され、その中で数個の差異が、車の部品メーカーA社にとっては検討するに値するという評価が得られた。

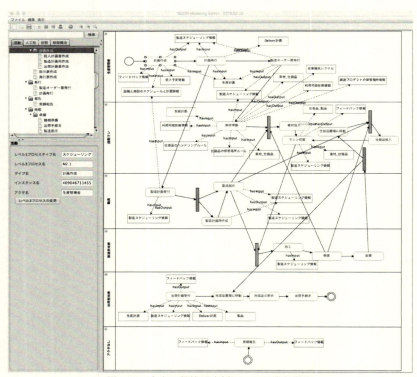

図2.10　生産工程管理支援ツールの実行画面

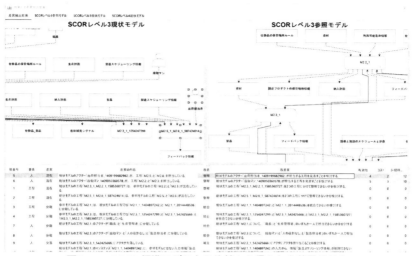

図2.11　SCOR標準モデルとの比較から得られた差異リスト

2.6　強化学習

　機械学習は、第1章で説明したように、与えられたデータ群に内在するパターン（知識）をコンピュータが自動的に発見する仕組みであるが、人が事前に観測データとその答え（判断結果）の両方を与える教師あり学習、データを与えて自動的に分類するクラスタリング、そしてこれから説明する強化学習という3種類の方法に分けられる。

　強化学習(Reinforcement Learning)は、ある環境下で、システムが自ら試行錯誤を繰り返し実行し、目標（報酬）を最大化していきながら、適切な行動を学習する方法である。強化学習は、目標は判っているが、その目標を効果的に得る方法が分からない場合に適用される。具体的には、ゲーム攻略法の学習、ロボットの行動学習などに利用されている。

2.6.1　ロボット動作における強化学習

　図2.12により、ロボット動作における強化学習について説明する。図2.12の左側では、ロボットハンドが台所という動作環境で、強化学習によ

り、「緑のポットを把持する」ことを目標にしたとする。

ステップ①では、各種センサーから、台所で物の置かれている状態がロボットハンドに送信され、ロボットハンドが台所の現状態を観測する。

ステップ②では、観測状態から、ロボットハンドが台所用品を把持するための行動計画として、ロボットハンドを動かす角度、速度のような物理パラメータを決定し、行動計画を実行する。

ステップ③では、ロボットハンド動作実行後の台所の状態、例えば緑のポットが10cm右側に動いたというような新しい状態に現状態を遷移させる。

ステップ④では、状態遷移に応じて、「緑のポットを把持する」という目標に近づいたと判断できれば報酬を与え、目標から離れた状況（失敗状況）になれば減点するという、操作を実行する。

このようにステップ①～④を繰り返し、報酬が最も高くなる、目標に最も近づくようにして、適切な行動が学習されていくことになる。

ロボット動作における強化学習では、ロボットがランダムに試行錯誤を繰り返すので、試行錯誤に長時間を要するケースが多く、現場で利用できる状況にはなっていないが、強化学習の社会実装は、社会から期待されている。

①ロボットハンドは、動作環境である台所で、物の置かれている状態を観測する

②観測状態からロボットハンドの行動（ハンドの動作角度＆スピードなど）を決定・実行する

③実行後、動作環境は新しい状態に遷移する

④遷移に応じた報酬を獲得（例えば、緑のポットを把持するという目的があり、成功すれば報酬を得て、失敗すれば減点されることを通して、学習する

①～④を繰り返す。

図2.12　ロボット動作における強化学習

2.7 まとめ

　スマート工場の国家プロジェクトとしては、ドイツで実施された、インダストリー4.0がある。インダストリー4.0では、IoTによる人とロボットと機械の相互接続である「相互運用性」、コンピュータの処理が人間に理解できる「情報透明性」、AIによる支援である「技術的補助」、CPS（サイバーフィジカルシステム）により各地点で独立に処理を進めることができる「分散型決定」という四つの設計原理により、高度な工場を実現する。そして、製造工程だけでなくて、製造から販売までのサプライチェーン全体を支援し、多くのユーザが必要とする製品を、迅速に開発する製造業の枠組みについて、世界各国で研究開発されている。

第3章

社会インフラとAI

　本章では、社会インフラとして交通インフラの現状について説明した後、専門家熟達化5段階モデル、AIで扱える知識の分類と知識ベース開発工程について述べ、知識推論AI技術を利用した交通インフラAIシステムとして、高速道路ETC点検AIスマートグラス、雪氷対策業務支援AIシステムの研究開発事例について説明する。なおデータ学習AIについては、交通インフラの現状において、画像処理ディープラーニングの研究を簡単に紹介する。

3.1　交通インフラの現状と画像処理ディープラーニング

橋梁の耐用年数は50年程度と言われており、我が国の多くの橋梁は、1964年の第1回東京オリンピック開催前に建設されたので、現在、多くの橋梁点検維持管理が急務になっている。

従来のひび割れ検知プログラムでは、橋梁が正常かひび割れかを検知するために、あるパラメータ値と閾値を大小比較して、単純に判断していた。そのため、汚れとかゴミなどもひび割れと誤診して、認識精度がかなり低くなるので、ひび割れ検知は人の目視で実施されている。

経済産業省の関連組織NEDO（新エネルギー・産業技術総合開発機構）のあるプロジェクトでは、数百枚程度の橋梁ひび割れ画像に対して、専門家が「ひび割れ」「チョーク跡」「型枠跡」「汚れ」というラベルを画像にマーキングし、1.5.2項で説明したCNN（畳み込みニューラルネットワーク）により学習させ、CNNのパラメータ調整後、数百枚程度の小規模画像データからでも、ひび割れ検出精度は80％程度になることが示された [1]。

 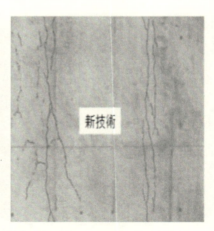

佐藤久、遠藤重紀、早坂洋平、皆川浩、久田真、永見武司、小林匠、増田健：デジタル画像からコンクリートひび割れを自動検出する技術の開発、NEDOインフラ維持管理技術シンポジウム2018, pp.100-103 (2018)

図3.1　橋梁ひび割れ検知システムの比較

図3.1に、市販ひび割れ検知プログラム（左）と新技術（右。CNNによるひび割れ検知システム）の橋梁ひび割れ画像への適用結果を示すが、CNNによるひび割れ検知システムの方が、ひび割れが正確に検出されている様子が判る。

3.2 熟達化5段階モデルと知識の分類

本節では、専門家の発達過程である熟達化5段階モデルと熟達化に深く関連する知識の多様性と知識の分類について述べる。

3.2.1 熟達化5段階モデル

本章の後半では、専門家の能力とAIの性能を比較するため、本項では、専門家の能力に関連した考え方を紹介する。一口に専門家と言っても、様々なレベルがあるので、発達心理学の分野では、図3.2に示す、専門家の熟達化は5段階で進んでいくというモデル（熟達化5段階モデルと呼ばれる）があり、以下、このモデルについて、図3.2の下（第1段階）から上（第5段階）の順に説明する [2]。

図3.2　熟達化5段階モデル

第1段階は、初学者 (Beginner) と呼ばれ、業務を学び始めた段階である。第2段階は、初心者 (Novice) と呼ばれ、業務に慣れ始めてきたが、まだ指導が必要な段階である。第3段階は、一人前 (Routine Expert) と呼ばれるが、定型処理の範囲に限って、一人でできる段階である。第4段階は、中堅者 (Adaptive Expert) と呼ばれ、今まで経験したことがない未知の状況でも、自分の過去の経験に基づき、その未知の状況にアプローチできる段階である。第5段階は、熟達者 (Creative Expert) と呼ばれ、創意工夫によって、新しい方法論、新しい知識を創造できる段階である。

　以上のように、業務担当者は、初学者から熟達者に至るまでの5段階を経て発達していくとされ、業務内容に依存して第5段階までに到達する時間は変化するが、概ね10年程度で熟達者になるとされている。

　熟達度は獲得される知識と深く関係するので、次に知識の全体像について説明する。知識は、情報を処理するための情報と言えるが、知識は、様々な観点から分類することができ、以下、説明していく。

3.2.2　知識の分類

　図3.3において、縦方向のZ軸は「知識の外在化性」である。この軸は大別して、形式知と暗黙知に分かれる。形式知は、他者が読んで理解できる知識を意味し、マニュアルとかドキュメントに記載されている知識を指す。一方、暗黙知は、ここでは、知識マネジメントの分野で扱われる暗黙知を指すが、個人の経験に基づいて獲得された主観的知識であり、言語化できていない知識を指す。

　Y軸の「知識の深淵性」は、知識の深さと広さの関係した軸であり、広くて浅い知識がいわゆる常識、狭くて深い知識が専門知に相当する。

　最後に、X軸の「知識表現形式」については、知識の一例である記事の書き方では、5W1H、Who（だれが）、When（いつ）、Where（どこで）、What（なにを）、Why（なぜ）、How（どのように）の観点から、記事を書けば良いと言われるが、現場の知識の伝達・記述方法も同様である。本章で取り上げる業務知識は、知識の性質上、WhoとWhereを取り除いた3W1Hが重要であるので、以下、3W1Hによる知識の表現方法について

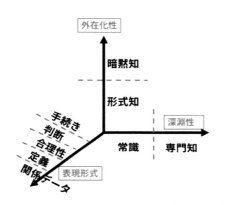

図3.3　知識の分類

述べる。

Whenは、今回の業務知識では操作の実行順序に対応し、手続き知識であるワークフローで表現する。Howは判断知識なのでルールを使う。Whyはそのルールの妥当性・合理性、なぜそのルールが正しいのか、それを表す知識であり、ゴールツリーで表現する。Whatは、もの・ことに関する概念の意味を表すので、概念定義で使われる知識、オントロジーと知識グラフを使って表現する。

3.2.3　知識ベース開発過程

前項までの考察に基づき、表3.1に、熟達化5段階と各段階で獲得される知識を整理する。

第1段階の初学者、第2段階の初心者、第3段階の一人前は、形式知を獲得する段階であり、なぜこの場面でこのルールを適用すべきかという合理性知識などは、暗黙知の場合が多いこともあり、獲得することは少ない。

しかし、第4段階の中堅者、第5段階の熟達者では、統合された形式知を新しい形式知として獲得できるとともに、蓄積された現場体験を内省し、合理性知識などの暗黙知が獲得され、その人なりの世界観というものが形成されていき、周辺から、熟達者という評価を受けるようになる。

表3.1 熟達化5段階モデルと獲得される知識

知識の種類 （表現形式）	熟達化5段階 第1～3段階	第4,5段階
手続き知識 （ワークフロー）	形式知	形式知（統合） ＋暗黙知
判断知識 （ルール）	形式知	形式知（統合） ＋暗黙知
合理性知識 （ゴールツリー）	×	暗黙知
定義知識 （オントロジー）	形式知	形式知（統合）

以上の考察を踏まえて、表3.2に、AIシステム開発者による知識ベース開発過程を示す。

表3.2 知識ベース開発過程

STEP 1	マニュアルなどのテキストから、言語レベル形式知を得る。
STEP 2	言語レベル形式知を知識表現に変換する。
STEP 3	専門家に言語レベル形式知の確認インタビュー（専門家は知識を体系化せず、経験談取材になる。）
STEP4	経験談を分析し、インタビュー形式知を知識表現に変換する
STEP5	STEP3と4を繰り返す（5～10回）

第1ステップでは、AIシステム開発者が、ユーザ企業からマニュアルなどの提供を受け、問題領域の基礎知識を言語レベルの形式知として獲得する。

第2ステップでは、AIシステム開発者が、マニュアルから獲得された言語レベルの形式知を可能な限り、コンピュータで扱える知識表現（ワークフロー、ルールベース、ゴールツリー、オントロジーと知識グラフ）に変換する。

第3ステップでは、AIシステム開発者が理解した言語レベルの形式知と知識表現の妥当性を専門家にインタビューして確認する。

第4ステップでは、インタビューを通して得られた専門家の豊富な経験談を可能な限り知識表現に変換する。

第5ステップでは、第3ステップと第4ステップを繰り返し、列挙された

すべての形式知について検討を重ねる。

　知識ベース開発過程で、最も重要なプロセスは、専門家へのインタビューである。私の経験では、専門家は豊富な経験を有するが、その経験が知識として体系化されているケースは稀であり、体験談のみを語るケースが多い。よって、AIシステム開発者は専門家の話しを遮らず、辛抱強く耳を傾ける必要がある。決して、「どのようなルールがありますか？」というような知識表現を直接尋ねる質問をしてはいけない。このような質問をすると、専門家は黙ってしまうケースが多く、専門家へのインタビューは頓挫する。専門家は経験を有しているのであり、体系化された形式知を有しているのではない。その体験を形式化するのはAIシステム開発者の業務であることを認識し、安易に、その答えを専門家に委ねると、専門家へのインタビューが失敗することが多い。

　筆者の経験では、業務内容、目標にも依存するが、AIシステムの性能を高めるには、5～10回程度、第3ステップと第4ステップを繰り返す必要があると感じている。

3.3　知識推論AIによる高速道路ETC点検AIスマートグラス

　本節では、知識推論AI技術を利用してQ&A（質問応答）を実行しながら、高速道路ETCの点検を支援するAIスマートグラスについて述べる[3,4]。

　図3.4に、ユーザ（作業点検者）が抱く典型的な質問①～④に答える仕組みを示す。

　質問①は、ワークフロー、あるいは判断ルールの根拠に関する質問であるが、ゴールツリーにおける理由のリンクを辿ることにより、その回答を提示できる。図3.4の具体的では、『入力電圧が異常であれば、車両検知器外の故障を疑う』というルールに対して、ユーザが「なぜ、そのルールは正しいのか？」というような質問を抱いたとする。この場合、ゴールツリー

第3章　社会インフラとAI

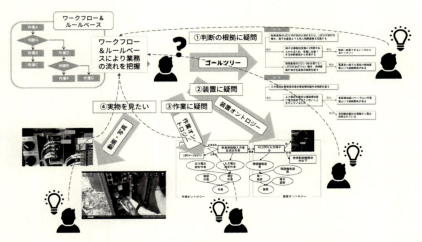

図3.4　高速道路ETC点検支援AIスマートグラスの仕組み

を利用すれば、『入力電圧の異常は、車両検知器に電力を供給できていないことを意味し、さらに、車両検知器は、ケーブル、分電盤と接続され、分電盤から電力が供給されているから、車両検知器外の故障を疑うのである。』と説明できる。この結果、ユーザは、車両検知器外の故障とは、ケーブルの断線あるいは分電盤の故障が原因になるのかと納得できる。

次に、質問②は装置、質問③は作業に関する質問である。この場合、装置オントロジーあるいは作業オントロジー、および、そのオントロジーに関連する知識グラフを利用して、装置や作業の意味をユーザに回答できる。

質問④は、装置の実物、作業の実態を問い、回答は言葉ではなく、映像や音声を求める質問である。この場合、写真、動画などのマルチメディアを利用して回答できる。

高速道路ETCを点検支援するAIスマートグラスは、レンズ上に上述の質問①②③④が提示され、ユーザとの簡単な対話を通して、回答もレンズ上に掲示する装置として実現した。以下、その動作について説明する。

図3.5に示すように、最初に、AIスマートグラスのレンズ上に作業手順1-4が表示される。表示された文章が理解できないとき、作業番号を発話すると、＊がついた作業2と3は動画、＊がついていない作業1と4は写真

が提示される。ここで、「3.PRC基盤取付板金固定ネジを外して、PRC基盤取付板金を筐体から外す」という作業が理解できないとして、「3番」とユーザが発話すると、作業動画がAIスマートグラスのレンズ上に映し出される。

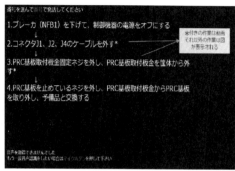

図3.5　AIスマートグラス上に表示されたETC点検作業手順

ユーザは、イヤフォンマイクボタンを押すと、続いて図3.6に示すような質問リストが表示され、この中から質問を選ぶ。

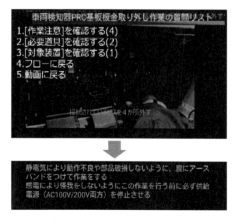

図3.6　AIスマートグラスによる質問応答

本来では、ユーザが自由に質問できるべきであるが、今回は、QAシステムの試作段階であったので、言語理解AIシステムが実装されず、ユーザが疑問に抱く質問リストを事前に与え、その中から質問を選択することにした。

図3.6では、ユーザが「1番」と発言し、質問1が選択され、画面下部に、その回答としての作業注意事項が提示されている。

以下、放送大学BS231第3回番組で流された、AIスマートグラスの実行動画について説明する。

図3.7　AIスマートグラスの実演動画の一場面

最初の画面は、AIスマートグラスのレンズ上に提示された作業手順を示す。まず、新人作業者がマイクで1番と発言して、車両検知器踏み板系アラームの処理手順を知りたいとAIスマートグラスに伝える。

その結果、AIスマートグラスは、ワークフローを検索し、6ステップから構成される、車両検知器踏み板系アラームの処理手順を提示する。この中で、新人作業者が2番と発言して、第2ステップの車両検知器共通制御部踏み板状態確認作業の詳細手順が表示される。この場合「接点を踏んだ状態で、車両検知器共通制御部の点灯状態を12か所で確認する」という作業になるので、新人作業者が1番と発話すると、その作業動画がAIスマートグラス上に流される。

この後、踏み板接点状態確認作業の作業系列が示され、新人作業者は1番の「必要道具を確認する」と発話し、必要道具の説明が続くことになる。

最後に、発進制御機リセット作業に関連して、ブレーカーをオフにする場面で、作業者とAIスマートグラスの質問応答の様子を見て頂きたい。

3.4 知識推論AIによる雪氷対策業務支援

本節では、3.3節で説明した3W1Hに基づく多重知識表現を雪氷対策業務支援システムに適用した実践例について説明する。

図3.8に示すように、降雪地帯では雪氷対策室（図左側）が設置され、チームによって、高速道路設置カメラから送られてくる映像、気象予測データなどを収集し、除雪作業と凍結防止剤散布作業の実施場所・時間を決定し、除雪車や凍結防止剤散布車の運行スケジューリングを作成する。その後、その連絡を受けた、現場の雪氷対策作業担当者が、除雪作業、および凍結防止剤を散布する作業を実施する（図右側）。

対策室業務
除雪や凍結防止剤散布を
実施判断・実施方法の指示等

本線車道上業務
除雪や凍結防止剤散布を
実際に行う業務

図3.8　雪氷対策業務

3.4.1　雪氷対策業務支援システムの構成

以下、この雪氷対策室で実施される業務を支援する、雪氷対策業務支援システムについて説明する。雪氷対策業務支援システムが利用する知識ベースの開発過程は、AIスマートグラスの開発と同様、当研究室にマニュアルが提供され、そのマニュアルを読んで雪氷対策知識を分析した後、熟練者レ

ベルの業務担当者にインタビューしながら、知識ベースを開発していった。

図3.9に雪氷対策業務支援における多重知識表現を示す。①のWhen型は、雪氷対策室における業務手順に相当し、ワークフローで表現する。②のHow型は、スケジューリングルールで、if-thenルール集合であるルールベースで表現されるが、図3.9では、ルールベース全体を一覧表として表現している。③のWhy型は、スケジューリングルールの根拠を表し、ゴールツリーで表現している。④のWhat型は、雪氷対策業務と作業に関する諸概念を体系化したものであり、業務オントロジーとして表現している。

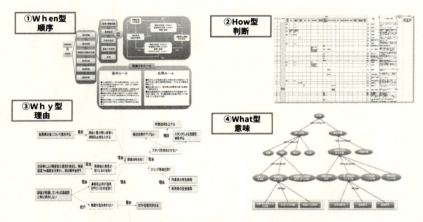

図3.9　雪氷対策業務支援における多重知識表現

3.4.2　雪氷対策業務支援システムの実行

以下、雪氷対策業務支援システムの実行例について説明する。

図3.10にシステムの実行画面を示す。画面左側の最上段に三つのボタンがあり、タスクフローボタンをクリックすると、雪氷対策業務のマクロレベルのワークフローが提示される。ここで、意思決定プロセスの詳細を知りたくなり、その部分をクリックすると、画面右側に意思決定プロセスのワークフロー、画面下部にこのワークフローで利用されるルール群が表示される。

3.4 知識推論AIによる雪氷対策業務支援

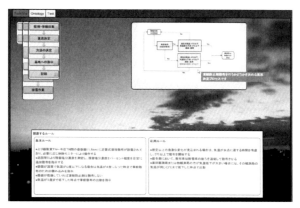

図3.10 雪氷対策業務支援システムの実行画面

次に、オントロジーボタンをクリックする、オントロジーの概念階層、概念の具体例であるインスタンス群、およびインスタンスのネットワークである知識グラフが表示される。ここでは、概念階層を展開し、作業、単一作業、監視、除雪作業における、最下位概念まで展開しており、最下位概念には、1個以上のインスタンスが含まれるので、それらを表示して、具体的な作業内容を把握できるようにしている。ここでは、気象ITVシステムによる監視を選択し、そのインスタンスを含む知識グラフが提示された後、関連映像が流され、初学者、初級者でも雪氷作業をイメージしやすいようにしている。なお、ITVとはIndustrial TVの略で工業用カメラのことである。

また、画面下に検索エンジンを用意した。番組では、"ほぐし効果"で検索した結果が表示され、"ほぐし効果"を含む知識グラフが画面上部に表示された。初学者、初級者が、この検索機能を使えば、総合的に関連知識を調べていくことができる。

3.4.3 雪氷対策業務教育システムとして評価

前項で説明した雪氷対策業務支援システムを教育システムとして、4レベルのユーザに利用してもらい、教育システムとしての有用性を評価した。

4レベルのユーザとは、①マニュアルによる学習者4名、②システムによる学習者4名、③マニュアルとシステムによる学習者5名、④2-3年の実務経験者2名であり、合計15名の方に被験者になって頂き、評価した。なお①②③の学習者は、いずれも雪氷対策業務の実務経験がない初学者である。最後に、雪氷対策業務の理解状況を調査するために、テストを実施した。テスト問題は、熟練者の方に作成頂いた記述式問題16問であり、事実を問う問題が10問で、根拠を問う問題が6問であった。

このテスト結果を表3.3に示す。事実を問う問題の平均得点は、上から順に④③②①であったが、根拠を問う問題では②③④①となり、全体の正解率については④②③①であった。しかしながら、④②③の全体の正解率は大差はなく、②の本システムだけを使った学習者の正解率は、①のマニュアルによる学習者の正解率と比較すると、正解率は2倍になっており、本システムの利用効果は高く、③マニュアルと本システムの両方で学習者の正解率と比較すると、正解率はほぼ同様であるので、マニュアルを利用せず本システムだけを利用して、雪氷対策業務の教育支援を実施すればいいことが判ったといえる。

表3.3 雪氷対策業務支援テスト

被験者の種類	問題種別の平均得点(点)					全体の正答率(%)
	ファクト型10問			ノンファクト型6問		
	What	When	Where	How	Why	
マニュアルのみ(4名)	1.5	0.75	0	1.75	0.5	32.8
システムのみ(4名)	2	2.5	0.25	3	4.25	62.5
マニュアルとシステム両方(5名)	2.4	2.2	0.8	3	3.8	61.3
業務経験者(2,3年目1名ずつ)	4	3	0	1.5	2.5	65.6

テスト終了後、アンケートを取ったところ、学習者からは、マニュアルを読んで勉強するときと比べて、このシステムを使えば、どのような知識がどのような関係で連携しているのか、知識の関連性が外在化されて理解し

やすくなった、また、ルールの妥当性を示す根拠が提示されるので、ルールの意義が理解できて、知識が定着しそうだという評価を受けた。

3.5 まとめ

　設備保守点検の現場では、熟練者が遠隔から新人の作業を支援する形でスマートグラスを利用するケースが出てきているが、熟練者が直接教える必要があり、普及には課題がある。そこで、比較的簡単な作業にはAIスマートグラス、難しい作業には熟練者が助言するスマートグラスというように、2種類のスマートグラスを併用する仕組みにより、普及が進展する可能性がある。

　雪氷対策業務支援システムについては、熟練者の方へのインタビューを繰り返すことにより、ある程度、暗黙知を形式知に変換した結果、教育システムとしての有用性が高まったと考えており、マニュアルの形式知だけによる教育システムであったならば、有用性は小さかったであろうと考えている。

　最後に、AIのできないこととして、Creativity（創造性）、Dexterity（手先の器用さ）、Social Intelligence（社交性）の三つが、2013年頃に指摘されたが、近年、ディープラーニングが進展して、創造性と社交性というのは、関連するデータが蓄えられれば、表層レベルでは対処できるような状況になってきている。しかしながら、2番目のDexterity「手先の器用さ」は、依然、困難な課題である。これは、ロボットの手というハードウェアの性能に関わる課題で、ロボット研究者から、人間の手先の器用さはかなりハイレベルであり、システム化にはかなりの時間を要するという意見を伺ったことがある。よって、手先の器用さを必要とする現場では、AIシステムが直接実行するのではなく、AIスマートグラスのようなAIウェアラブル端末として人の作業を支援したり、あるいは雪氷対策業務で説明したように、教育支援システムとして多くの新人を教育するという、直接処理ではなくて、間接的にAIシステムを利用するアプローチが、当面の主流に

なるのではないかと考えている。

第4章
サービス業とAIロボット

　本章では、AIソフトウェアではなくAIロボットを対象とするため、最初に、ロボット研究開発の歴史について説明し、その後、当研究室で開発した、開発者向けではなく一般ユーザ向けである、知識推論AIとデータ学習AIを統合した知能ロボットアプリケーションを開発するためのプラットフォームPRINT-EPSについて説明した後、PRINTEPSの実践例として、ロボット喫茶店とうどん板前ロボットについて、その仕組み、実践概要と評価について述べる。

4.1 ロボット研究開発の歴史

ロボットは、AIと同様、様々な定義があるが、「人の代わりに何かしらの作業を自律的に行う機械」という定義が広く受け入れられている。またAIと同様、ブームと停滞期が繰り返されてきており、我が国では現在、第3次ロボットブームを迎えているとも言われている。

第1次ロボットブームは1980年代であり、産業用ロボットが多く製造され、工場に広く普及した。第2次ロボットブームは2000年前後から始まり、ホンダの二足歩行人型ロボットASIMO、商品化されたソニーのペット型ロボットAIBOなどが注目され、産業用ロボットから民生用ロボットに関心が移行していった。そして2005年の愛知万博では、65種類のプロトタイプロボットが展示されて人気を博し、家庭や仕事現場におけるサービスロボットの普及が期待された[1]。しかしながら、サービスロボットの普及には、人とスムーズにインタラクションをとる、対話するという、ロボットというよりは、AIでなかなか解決できない大きな課題があり（深いレベルのインタラクションは、今なおAI主要研究テーマである）、2008年のリーマンショック後、第2次ロボットブームは終焉していった。

1,2：アクトロイド、3：WAKAMARU

図4.1　愛知万博のプロトタイプロボット[1]

このような経緯を経て、2015年、我が国では、政府がロボット新戦略を発表した。第1の戦略は、世界のロボットイノベーション拠点に日本がなることであり、具体的には、産官学連携、国際連携、人材育成などを実施するとした。第2の戦略は、日本が世界一のロボット利活用社会- ショーケースになることであり、あらゆる分野でのロボット利活用を促進するとした。最後の第3の戦略は、我が国が世界をリードするロボット新時代への戦略を提言することであり、ロボット利用規約の策定などを進めるとしている。特に、「ものづくり」「サービス」「介護・医療」「インフラ・建設・災害対応」「農林水産・食品産業」という5分野を重視すると提言された。

また、2014年6月にソフトバンクから販売されたPepperが大きな関心を集め[4]、2015年頃からの我が国で始まった第3次AIブームと連動し、第3次ロボットブームが到来した。

しかしながら、Pepperは2021年に生産が停止され、ロボットビジネスの困難さが改めて指摘されている。掃除ロボットRumba[2]や癒しアザラシ型ロボットPARO[3]など、ロボットビジネスの成功事例もあるが、多くの分野で多くのロボットが利用される時代は、まだかなり先になりそうである。

4.2　PRINTEPSによる統合知能アプリケーションの開発

本節では、PRINTEPSで扱う統合知能について述べた後、PRINTEPSの仕組みについて説明する。なお、PRINTEPSは、PRactical INTElligent aPplicationSの略称で、実践的AIアプリケーションを開発するプラットフォームという意味であり、筆者らが設計・開発したソフトウェアツールである。

4.2.1　要素知能の連携による統合知能

人の知能の仕組みを解明する学問分野である認知科学からは、多重知能と

いう概念が提唱されている。人の脳では、役割の異なる様々な要素知能が連携して、多重知能を構成しているという考え方である[5]。

次世代AIシステムとしては、言語・推論系に関連する、じっくり考える熟考的知能、および、知覚・運動系に関連する、素早く考える即応的知能を連携させた研究は、統合知能の研究と言われるが、認知科学の多重知能と関連性が深いといえる。

図4.2に、多重知能（左側、認知科学）と統合知能（右側、AI）の関連性を示す。図の右側において、要素知能の一つの考え方として、思考に関連して知識推論、聞く・話すに関連して音声対話、画像認識に関連して画像センシング、動作に関連して知的動作計画、これらの要素知能の性能を向上させるための学びに関連して、機械学習およびディープラーニングを対応付けることができ、これら5種類の要素知能を連携させた統合知能を考えることができる。そして、この統合知能アプリケーションを開発できるプラットフォームがPRINTEPSになる。

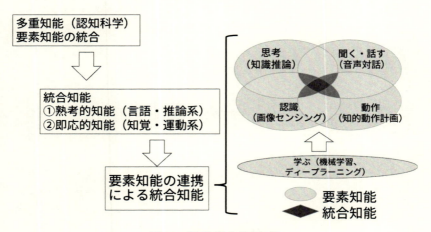

図4.2　多重知能と統合知能

4.2.2　PRINTEPSの概要

PRINTEPSでは、図4.3の①②において、ユーザが自分自身で、日本語

を使ってワークフローと業務プロセス系列、および業務プロセスに関連する業務ルールを記述すれば、③のように、PRINTESPが事前に準備されたSWライブラリを連携させ、自動プログラミング機能により、④のように、ROS(Robot Operating System)というロボットミドルウェア上で実行可能なPythonプログラムコードを自動生成し、ロボットの知識推論・対話・動作を即座に実行できるプラットフォームになっている[6]。

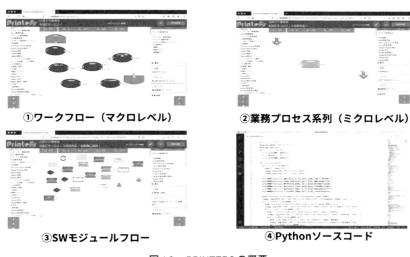

図4.3　PRINTEPSの概要

以下、PRINTEPSによるAIロボットの開発ステップを詳しく見ていく。

第1ステップでは、ユーザがワークフローを記述する。ワークフローは、実行する業務プロセスを順番に記述したものであるが、ここでは、詳細には関与せず、マクロレベルの業務プロセス系列を記述する。図4.4は、ロボット喫茶店を事例にした、ユーザによるワークフロー記述例である。各楕円記号がロボット喫茶店の一つの業務プロセスに相当し、一番左上の開始記号により業務が開始され、続いて、入店時対応（丸で囲んだ部分）、座席案内、注文、調理、配膳、会計、見送りという業務プロセスが続き、最後に、終了記号により業務を終了する記述になっている。

図4.4の画面左側にある業務プロセスメニューから、必要な業務プロセ

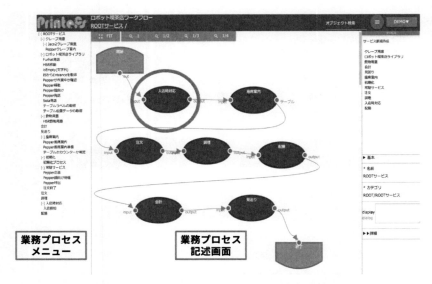

図4.4　ユーザが記述するマクロレベルのワークフロー

スを選択して、中央画面に貼り付け、業務プロセスを矢印により接続して、ワークフローを作成・編集していく。また、画面右側で、新しい業務プロセスを登録することもできる（ただし、登録後、開発者がこの新しい業務プロセスに対応するSWモジュールを開発する必要がある）。

次に、第2ステップでは、ワークフローの各業務プロセスを展開していく。
図4.5は、「入店時対応」プロセスを展開した、ミクロレベルの業務プロセス系列である。AIロボットは、「まず、入り口付近の来店客に挨拶をして」「次に、ロボット喫茶店が満席の場合、来店客に待つことが可能かどうかを確認する。」「また、来店客が傘を持っている場合、入り口の傘立てに入れて下さいと依頼し」、「来店客が大きな荷物を持っている場合、ロボット喫茶店の部屋の隅におくように依頼する。」「さらに、ロボット喫茶店が満席の場合、来店客に待ち行列に並ぶように依頼し」、「待ち時間が長くなった場合、来店客に、席に着く前にメニューを見て注文品を先に決めてもらうように依頼する」のように記述されている。なお、ここでも、画面左側にある業務プロセスメニューから、必要な業務プロセスを選択して、中

4.2 PRINTEPSによる統合知能アプリケーションの開発

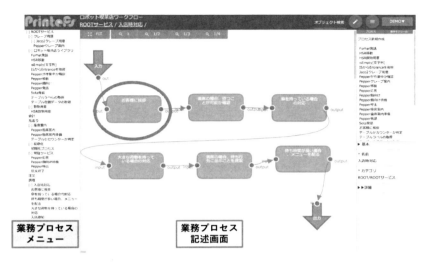

図4.5 ユーザが記述するミクロレベルの業務プロセス系列

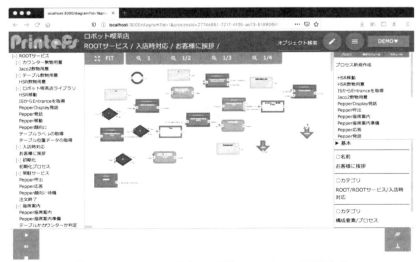

図4.6 PRINTEPSによるSWモジュールフローの自動生成

央画面に貼り付け、業務プロセスを矢印により接続して、ミクロレベルの業務プロセス系列を編集する。また、ここでは、「入店時対応」をミクロ

レベル業務プロセス系列として記述したが、ワークフローの詳細化を業務ルールとして表現して、入店時対応プロセスに関連付けることもできる。

以上のようにして、ミクロレベル業務プロセス系列が完成した後、PRINTEPSは、業務プロセスを実行するソフトウェアをモジュール単位で管理し、図4.6のように自動的にSWモジュールフローに変換できる。

ただし、SWモジュールを実行すると、あるSWモジュールの出力データが別のSWモジュールの入力データになって連携されていくが、その入出力データ構造が一致しないために、連携できないことが起こる。このために、データ構造の不一致を一致させるためのメディエータという機能を実装する必要があり、PRINTEPSでは、時間をかけてメディエータを実現した。メディエータの詳細は、かなり長くなるので、ここでは述べないが、メディエータを導入することにより、業務プロセス系列がSWモジュールフローに自動変換される。

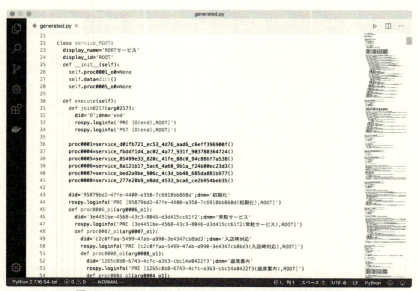

図4.7　PRINTEPSによるPythonソースコードの自動生成

SWモジュールフローまで変換されると、図4.7のように、PRINTEPS

は、ロボットミドルウェア上で実行可能なPythonプログラムコードを自動生成し、ロボットの知識推論・発話・動作を即座に実行できることになる。

4.3 マルチロボット喫茶店

本節では、PRINTEPSを利用して開発した、マルチロボット喫茶店について述べる [7,8]。

図4.8の (a) では、マルチロボット喫茶店のワークフロー、および各業務プロセスで利用する業務ルールを示している。業務ルールは、図4.8の (b) に示すルールエディタDrools[1]を利用して入力する。(a) と (b) を連携させて実行させると、図4.8の (c) のように、ロボットアームハンドが、ペットボトルからカップにソフトドリンクを注入する動作を実行する。

このようにして、各種ロボットのワークフローと業務ルールをすべて記述し、2018年10月、慶應義塾大学理工学部矢上祭で、マルチロボット喫茶店を営業したところ、多くの一般市民に来店してもらえた。この様子は、放送大学BS231第4回番組で動画として放送されたので、以下、この動画について説明する。

最初は、Pepperが来店グループ客を座席に案内する場面である。テーブルに到着したら、椅子に座るように依頼し、注文を考えるように、「注文が決まればまた呼んでください」と来店客に依頼している。この後、Pepperは自分のオリジナルポジションに戻るとき、ソフトドリンクを運んでいるHSRロボット（トヨタ）と衝突しかけたが、PepperとHSRに組み込まれた衝突回避プログラムが動作し、衝突せずに、すれ違うことができた。

次は、Pepperが注文をとる場面である。対話がスムーズに進まない場面もあったが、最終的に、Pepperが注文をとり、注文情報をドリンク係とクレープ係のロボットに伝えている。クレープについては、準備したクレープ生地の上に、カメラで撮影した人の顔写真から抽出した、顔の輪郭線データに基づいて、ロボットアームJACO2がクレープ生地上に似顔絵を描く

1.https://www.drools.org/

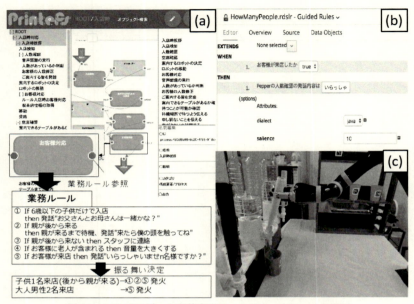

図 4.8 マルチロボット喫茶店のワークフローとルールの記述

ことが、本マルチロボット喫茶店の最大のイベントで、人気を博した様子が伺える。

図4.9に、マルチロボット喫茶店の営業結果についてまとめる。開店時間は、1日目（土曜日）が6時間、日曜日に8時間、合計14時間であった。来店客の総数は253人で、慶應義塾大学理工学部矢上キャンパス（横浜市）周辺の家族連れが多かったが、ビジネスマンの方も来店されていた。ロボットアームJACO2がチョコレートチューブを絞って、クレープ生地に似顔絵を描くパフォーマンスについては51名、スターとハートについては25名から注文を頂いた。2日間の売り上げは約17万円であり、売上高から原材料費などを差し引いた金額を利益（粗利）にすれば、粗利は8万円程度であった。

ただ、学生スタッフの人件費は考慮していないので、人件費を考慮すれば当然赤字であり、マルチロボット喫茶店は、まだまだパフォーマンス的な要素が多い。実用化には検討すべき多くの課題があるが、基本的技術は

実現できているので、マルチロボット喫茶店は、近い将来、実現できると考えている。

	営業時間	来客数	クレープ注文数		売上高	経常利益
			似顔絵	☆/♡		
1日目（土）	6時間	84	15	15	¥64,800	−
2日目（日）	8時間	169	36	10	¥105,800	−
合計	14時間	253	51	25	¥170,600	¥82,620

図4.9　マルチロボット喫茶店の営業結果

4.4　うどん板前ロボット

　本節では、PRINTEPSの飲食店への二つ目の応用例として、うどん板前ロボットについて述べる。

　図4.10の左側にある、ロボットアームJACO2、顔の表情が変化するFurhat、高性能ロボットハンドITKハンドロイド、および、自作のロボット胴体を合体させて開発したロボットが、うどん板前ロボット（右側）である。

　うどん板前ロボットの知識推論・発話・動作部分のソフトウェア開発は、PRINTEPSを利用したが、以下、各部分について説明する。

　知識推論部では、オントロジーを利用した。図4.11にうどん調理のため

図4.10 うどん板前ロボットの構成

の各種オントロジーを示す。左から、料理・具材・調理器具・ロボットオントロジーである。左側の料理オントロジーは、対象料理はうどんだけなので、料理の下位概念には「うどん」だけという簡単な概念階層になっている。中央の具材オントロジーでは、うどんの具材として、麺、だし、牛肉、ねぎなどの具材概念では、糖質、タンパク質・アミノ酸、脂質などの栄養素が何g含まれているか、何カロリーになるか、などの情報が定義されている。右上の調理器具オントロジーでは、うどん調理器具に関連して、お玉が一回で何g扱えるかに関する情報が定義されている。右下のロボットオントロジーでは、うどん板前ロボットを構成する各種ロボットの性能が定義されている。

以下、放送大学BS231第4回番組で放送された、うどん板前ロボットの動画について説明する。まず、時間の関係で、放送されなかった部分について述べる。本うどん板前ロボットは、来店客にうどんの具材について尋ね、わかめ、ねぎ、豚肉と回答したところ、それらの具材により増加するカロリーを計算し、栄養学的にはスコアは4とあまり高くないので、わかめを減らして、牛肉を追加すれば、タンパク質と脂質の下限をクリアして、スコアが6にあがるという新しい具材の組み合わせをうどん板前ロボットが来店客に提案し、本提案が受け入れられ、この新しい具材の組み合わせを実行することになる。この後が番組で放送された部分である。うどん板前ロボットが、新しい具材の組み合わせを実行しているとき、来店客が、動作を早くして欲しいというクレームをつけたとき、クレーム前までは、片

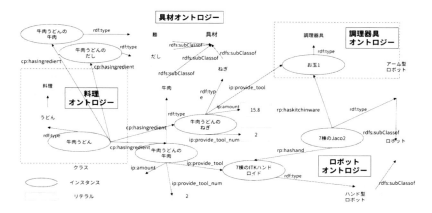

図4.11 うどん調理のための各種オントロジー

手で丁寧に具材を盛り付けていたが、クレーム後は、両手による動作に切り替わり、具材盛り付けの見た目は悪くなるが、効率よく具材盛り付けが実行され、最後に、来店客にうどんを差し出すことになる。

4.5 まとめ

　中国の上海では、ロボットレストランがすでに実用化されているが、ロボットは簡単な対話しか実行できない。4.4節で紹介したうどん板前ロボットのように、カロリーや栄養バランスを計算し、健康的なメニューを推奨し、来店客のクレームにも対応できるロボットレストランの実用化には、まだ数年は要するであろう。

　また、農業ロボット、配達ロボット、調理ロボット、配膳ロボットなど、食品流通に関連する多くのロボットで、ユーザの嗜好情報などが共有され、食品業界のSCM（サプライチェーンマネジメント）を自動的に適応させていくような未来社会も10年後には登場するかもしれない。

第5章

教育とAIロボット

　本章では、前章と同様、AIソフトウェアではなくAIロボットを対象とする。最初に、各国の小学校におけるAI教育について述べた後、PRINTEPSを利用した教師ロボット連携授業を実践するために開発したシナリオエディタ、小学校2校における教師ロボット連携授業実践の様子と児童達からの評価、教師ロボット連携授業に関する知識再利用ツールとその普及活動、最後に、文部科学省が推進するGIGAスクールに関連して、小学校におけるロボットプログラミング授業の実践について説明する。

5.1 各国の小学校AI教育

米国の小学校におけるAI教育は、国全体ではなく一部の州で実施されている状況ではあるが、2018年から開始され、図5.1に示す、AI for Kindergarten 12（幼稚園終了後の12年間のAI教育という意味。略してAI4K12）では、五つの目標が掲げられている[1]。

図5.1　米国のAI4K12における五つの目標[1]

第1のPerception（知覚）は「AIは、センサを使用して世界を認識する。」、第2のRepresentation & Reasoning（表現と推論）は「AIは、対象世界をモデルで表現し、そのモデルを利用して推論できる。」、第3のLearning（学習）は「AIはデータから学習できる。」、第4のNatural Interaction（自然な相互作用）は「人間と自然に対話できるAIは、チャレンジングな研究テーマである。」、第5のSocietal Impact（社会影響）は「AIアプリケーションは、プラスとマイナスの両方の側面から、社会に影響を与えている。」ということを意味している。これら五つの目標は、その実現方法は、技術の進歩と共に変化するが、目標自身は変化せず、技術と社会の両方の観点から、総合的に考えていく必要があるとされている。小学校で、AIの技術

論とAIと社会の関係がこのように教育されていることは、驚きといえる。

次に中国では、多くのスタートアップ企業が、初等教育向けのオンラインプログラミング環境に参入している。図5.2に示すKittenは、ビジュアルプログラミング言語Scratch（スクラッチ）を改良した言語であるが、Kittenには機械学習も利用できる対話インタフェースが提供され、児童にとっても使いやすい言語になっており、Kittenのユーザは、すでに300万人を超えていると言われており、初等教育向けのAI書籍も出版されている[2]。ただし2021年7月、学習塾の規制が始まり、学習塾でKittenを学習する機会は減少している。

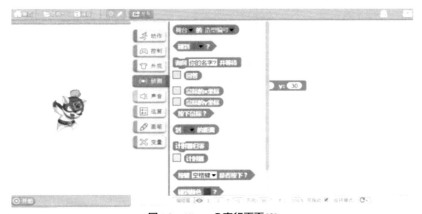

図5.2　Kittenの実行画面[2]

一方、我が国では、小学校の総合的な学習の時間の一つの利用方法として、児童達が、私達の日常生活や社会においてIT（情報技術）がどのように組み込まれて活用されているのかを理解し、未来社会の姿を展望するために、2019年から「みらプロ」プロジェクトが開始された[3]。このプロジェクトでは、小学校と企業が連携し、5.4節で取り上げる、ロボットプログラミング教育などが実践された。2020年度以降、GIGA(Global and Innovation Gateway for All) スクール構想が実施され、小中学生については、1人1台の学習用端末の整備がほぼ完了したが、プログラミングスキルを教育できる教師人材が不足する小中学校も多く、プログラミング教育

体制の整備が急務になっている。

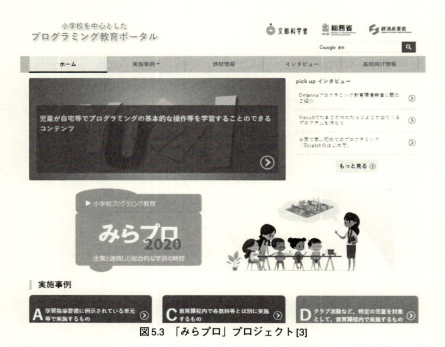

図5.3 「みらプロ」プロジェクト[3]

5.2 PRINTEPSによる教師ロボット連携授業

本節では、教師向けシナリオエディタを説明した後、慶應義塾幼稚舎と杉並区立浜田山小学校における教師ロボット連携授業の実践の様子と児童達からの評価について述べる。

5.2.1 教師向けシナリオエディタ

第4章で説明した、一般ユーザ向け統合知能開発支援プラットフォームPRINTEPSを利用すれば、教師が、授業の流れとか教育ルールを日本語で

記述するだけで、その後のプログラミング生成はPRINTEPSが担うので、即座に、教師と連携して授業を行うAIロボットを開発できる。

しかしながら、教師が児童へ解説するプロセスや、児童に何かしらの声掛けをするなどの処理を系列としてワークフローで記述することは、教師にとっては課題が多かった。すなわち、授業の流れは、教師・児童・ディスプレイのような情報機器、AIロボットの間でなされるコミュニケーションの流れであり、処理の流れではないので、コミュニケーションの流れとして、授業の流れを記述できるようにエディタを改善して欲しいと、教師から要望された。

そこで、図5.4に示すように、ワークフローエディタから、人・機械の間で交換される情報を記述するためのシナリオエディタを開発した。以下、シナリオエディタを利用した、教師ロボット連携授業の実践例について説明する。

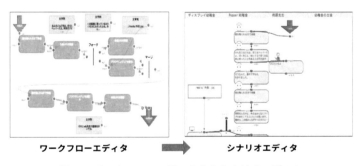

図5.4　ワークフローエディタからシナリオエディタ

5.2.2　慶應義塾幼稚舎での実践

まず、慶應義塾幼稚舎における教師ロボット連携授業について紹介する[4,5]。図5.5は、6年生の理科の学習単元「人の体の仕組み」において、理科の先生がシナリオエディタを利用して記述した、教師ロボット連携授業過程である。

図5.5で利用するロボットは、(b)に映っている人型ロボットPepperと、

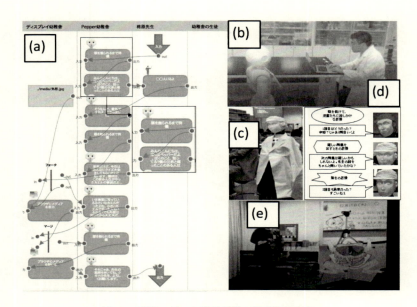

図 5.5　教諭ロボット連携授業の設計開発過程

(c)(d) に映っている、表情が変化する SociBot である。Pepper は、教師との掛け合いで授業を進めていく役割を担い、SociBot は、教室を周回しながら、児童達に演習問題を出していく役割を担う。

図 5.5 の左側 (a) に、授業開始時のシナリオエディタの一部を示す。

Pepper のレーンに「頭が触れられるまで待機」というノードが複数回現れるが、このノードが実行されると、教師が児童に話しかける間、Pepper を待機させ、教師が Pepper の頭に触れると、このノードから出力信号が出され、次のノードが実行され、Pepper が、記述されているテキストを読み上げる。その後、教師が Pepper の頭に再度触れると、Pepper は「それでは、先生の説明を聞いてね」と児童達に話しかけ、教師が説明を始めることになる。

以下、放送大学 BS231 第 5 回番組で放送された、6 年生を対象にして実施された教師ロボット連携授業の動画について説明する。

短い動画だったので、放送されなかったが、私語をしている児童のとこ

ろに、SociBotが近づいて、無表情な顔から、いきなり目を吊り上げて、険しい顔つきに変化する場面もあった。このとき、児童達は「うわ、怖っ！」と驚くとともに、大きな笑い声も起こった。その後、SociBotは「びっくりした？」と表情を和らげ、「そりゃあ、驚くよ」とホッとした児童達に対し、SociBotは「それじゃあ、授業を始めようね」と切り出し、「カエルの前肢と後肢の指の数はそれぞれいくつ？」という問題を出題し、解答選択肢を提示した。4～5名の児童から構成される各チームで、2択か3択の中から解答の札を選んで、札を立てると、机の上の画像センサがその札を認識し、ノートPCが各グループの成績を自動採点していくLMS(Learning Management System、学習管理システム)も開発し、利用した。

5.2.3　杉並区立浜田山小学校での実践

次に、東京都杉並区立浜田山小学校における教師ロボット連携授業について紹介する[6]。2018年1月、校長先生が自ら、振り子運動の規則性を学ぶ理科の授業で、教師ロボット連携授業を実践した。本授業では、音楽に合わせて、振り子の長さ・おもりの重さ・振れ幅といった三つの条件を変えながら、振り子を振らせて周期を測定する実験を繰り返すことにより「振り子の一往復にかかる時間は何によって決まるのか」を考えていく。

図5.6は、5年生の理科学習単元「振り子の実験」において、校長先生がシナリオエディタを利用して記述した、教師ロボット連携授業過程である。図5.6では、水平方向に、教師レーン、児童レーン、人型中型ロボットNAO（ナオ）レーン、ディスプレイレーンという4種類のレーンがあり、レーン間で情報交換されていく様子が記述されている。

図5.6の左の枠部分で、授業は、左上から開始されて、教師がリズム振り子の実験の概要を説明した後、数名から構成される児童グループの代表者が、教室の端に置かれた振り子を取りに来て、各テーブルに配置する。この間、NAOは待機しており、教師がNAOの頭に触れると、ディスプレイから注意を喚起する音を流すという処理の流れが、レーンを跨ぎながら記述されている。

以下、放送大学BS231第5回番組で放送された、6年生を対象にして実

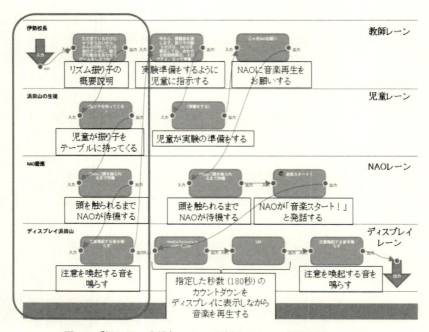

図5.6 「振り子の実験」における教師ロボット連携授業シナリオ

施された教師ロボット連携授業の動画について説明する。本授業（実験）の一場面を図5.7に示すが、ここでは、NAO、4章で説明したロボットアームJACO2、センサが連携して、振り子を振らせて、周期を自動測定し、その測定精度の高さを示していく。教師の合図で、NAOが「じゃあ、いくよ」と実験開始を宣言し、すぐ隣に設置されたJACO2が動き始める。JACO2は、1本のアームを滑らかに操り、糸につるしたおもりを掴むことも可能である。振れ幅40度まで持ち上げて、その地点でおもりを放して、おもりが10往復する時間をセンサが測定した。

本授業までに、児童達は2週間にわたり、おもりの往復時間を左右する要因を調査するために、様々な実験を重ねてきた。児童達が測定した周期時間計測データには、ばらつきが生じていたが、ロボットが提示する計測データには、ばらつきがなく、その正確さに驚くとともに、周期の性質について深く学ぶことができた。

図5.7 「振り子の実験」教師ロボット連携授業の様子

5.2.4 児童達の感想

　慶應義塾幼稚舎の教師ロボット連携授業では、児童達からは「ロボットの表情が変わるので、やる気が出たし、勉強という感覚がないまま、学習できた」という評価がでる一方、「ロボットは人の表情を読み取れないので、児童が問題を理解しているか気づいてくれない」あるいは「対話ができないのでロボットは80点、先生は100点！」というコメントも出された。児童達は、授業を楽しみながらも、授業を厳しく評価していたようである。

　浜田山小学校の教師ロボット連携授業では、実験1回目の周期測定時間は13.0秒と表示され、児童達は、身を乗り出して息をのみながら2回目の周期測定結果を待っていたが、実験2回目の周期測定結果が表示されると、児童達からは「おおぉ、ロボットすごい〜。また13.0秒だよ！1回目とまったく同じだよ！」と驚いた様子であった。児童達では実現できなかった誤差ゼロの世界と、そこから垣間見えるプログラミングの可能性は、児童達に大きなインパクトを与えたようである。

5.3　教師ロボット連携授業の普及に向けて

　本節では、教師ロボット連携授業を普及させるための教師ロボット連携授業知識再利用ツール、および過去2回開催した教師向けAIロボットセミナーの様子について述べる。

5.3.1 教師ロボット連携授業知識再利用ツール

教師ロボット連携授業を初めて実施する教師にとっては、シナリオエディタの開発というハードルは高いことが課題になった。そこで、社会（地球温暖化、自然の未来）、理科（てこの規則性、人の体の仕組み、振り子の運動）、総合科目（エネルギーの仕組み）という6種類の学習単元に関する教師ロボット連携授業を実施してきたので、これらの授業シナリオ群を構造化し、いくつかの観点から授業シナリオを検索できる、教師ロボット連携授業知識再利用ツールを開発した[7]。図5.8に示した知識再利用ツールは、学習単元・授業進行・ロボット操作という3種類の索引（インデックス）群から、教師ロボット連携授業の実施事例を検索でき、検索事例には、説明文と動画が含まれ、ユーザは、それを元にして、自分の授業シナリオを開発していくことができる。

図5.8　教師ロボット連携授業知識再利用ツールの実行画面

放送大学BS231第5回番組で放送された動画では、5.2.3項で説明した

「振り子の実験」の教師ロボット連携授業を検索した後、そのシナリオエディタが提示されるので、ユーザはそれを編集して、自分の教師ロボット連携授業を完成させていくことになる。2名の教師に知識再利用ツールを利用してもらい、感想を尋ねたところ「ロボットを初めて触る人が、陥りがちな典型的な失敗事例を事前に知ることができ、授業設計に役立てることができた。」「カテゴリの絞り込み・組み合わせによって、探したい授業場面を簡単に見つけることができて、便利だった。」という評価が得られた。しかしながら、「本システムに頼りすぎると、教師の創造性が阻害されたり、硬直化した授業づくりになったりしないか？」という心配の声もあがった。この声に対しては、システム利用当初は前例に学んで授業を作ることになるが、次第に、個人個人が工夫してオリジナルなものを作っていくことになると回答している。

5.3.2　教師向けAIロボットセミナー

教師ロボット連携授業を他の学校にも普及させるために、2017年11月と2019年8月に、土曜日の午後、半日かけて、シナリオエディタと知識シナリオ再利用ツールを教える、教師向けAIロボットセミナーを開催した。小中学校からは、1回目のセミナーでは教員4名、2回目は教員12名が参加した。

本AIロボットセミナーでは、小型人型ロボットSOTAを利用し、授業開始直後を想定して、図5.9に示すような、教師とSOTAの掛け合いに関する授業シナリオを作成するという実習を実施した。

参加者は、ロボットプログラミング経験はほとんどなかったので、シナリオエディタよりもSOTAに関する操作法のような基礎的質問が多くなったが、最後に、自分が作成したシナリオを使って、SOTAが発話、動作すると、かなり感激された様子が伺えた。半日のセミナーだったので、簡単な授業シナリオしか扱えなかったが、参加者は非常に熱心にセミナーを受講し、未支の教師ロボット連携授業のイメージを思い描けたようで、有意義なセミナーになった。

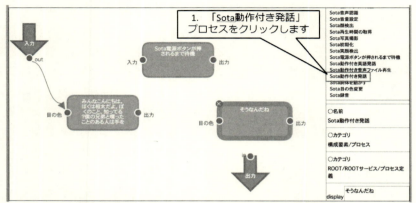

図5.9　教師向けAIロボットセミナーで利用した実習問題

5.4　ロボットプログラミング授業（演習）

本節では、2020年度より浜田山小学校で実施した、ロボットプログラミング授業（演習）について説明する [8]。

5.4.1　演習で利用する小型ロボット

本演習では、図5.10のベクターロボット（以下、ベクター）を利用する。ベクターは小型ロボットで、高さ、縦、横のサイズは7.1 × 6.1 × 4.6 cm、英語による簡単な対話が可能で、カメラ、マイクなど複数センサ、小さなディスプレイ、スピーカーも装着されている。移動については、距離、方向（角度）、速度を指定した通り直進することができ、左右の角度を指定すれば、回転することもできる。頭は指定した角度で、腕は上下方向に動かせ、目の色を変えることができ、上部の小さなスクリーン上に画像を投影することもできる。

以上のように、ベクターは多くの機能を有するので、後述するように、作成した地図上で、指定された左のスタート地点から右のゴール地点に向かって、荷物を自動配達するプログラミング実習において、ベクターを利用することにした。

出　典：https://www.digitaldreamlabs.com/pages/meet-vector

図5.10　演習で利用する
ベクターロボット

5.4.2　ロボットプログラミング環境

　図5.11は、ロボットプログラミング環境で最初に表示されるホーム画面である。画面下部の一番左に、ベクターの基本動作として、前進、回転、停止、表情が登録されているので、児童達は、これらの動作をどのように組み合わせれば、荷物を自動配送できるかを考えていく。本ロボットプログラミング環境では、フロー全体を記述するホーム画面と、フローの組み合わせ、フローをより細かく記述するサブ画面があり、画面上部にあるタブにより、ホームとサブを切り替えることができる。図5.11では、ホーム画面で、3種類のフロー（動作の流れ）を作成しようとしている。

　図5.12のサブ画面では、ホーム画面で作成した各フロー内で、命令をどのように組み合わせれば、自分が考える動作をベクターで実現できるかを考えていく。ここで、条件分岐 branch、繰り返し loop、再利用可能な動きを登録する関数化 function を考え、プログラミング思考の3要素を学習することになる。

　実行ボタンをクリックすれば、ベクターが即座に動作し、作成したプログラムが正しかったかどうかを確認できる．ベクターが正しく動作しなかった場合は、命令の組み合わせをどのように変更すれば、正しい動作になるのか、児童達は試行錯誤しながら考えていくことになる。

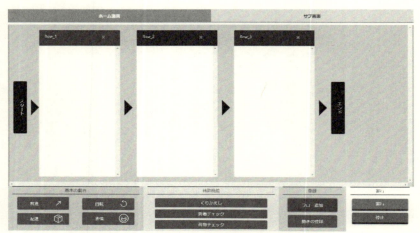

図 5.11　ロボットプログラミング環境（ホーム画面）

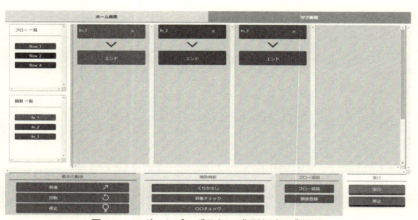

図 5.12　ロボットプログラミング環境（サブ画面）

5.4.3　自動配達ロボットプログラミング演習

　図 5.13 の道路地図を利用して、自動配達ロボットプログラミング演習を実施し、児童達は、五つの演習課題に取り組んだ（図 5.14 に取り組みの様子を示す）。課題 1 は、スタート地点にベクターを置いて A 地点まで動かす。課題 2 は、スタート地点から A 地点まで移動して、スタート地点まで

戻ってくるという課題である。ここでは、距離12直進し、右に90度回転するという処理フローを4回繰り返せば達成できる。課題3は、スタート地点からA地点まで移動して、受け取り確認をして、受け取り確認ができたら、確認完了の音を鳴らす。もし受け取り確認ができなかったら確認失敗の音を鳴らす。課題4は、スタート地点からA地点、B地点へ移動し、それぞれの場所で受け取り確認をする。課題5は、スタート地点からAからEすべての地点で、受け取りを確認する。ここでは、いくつかの動きの系列を関数化し、関数呼び出し機能を使って、作成したプログラムを修正することを主目標にしている。

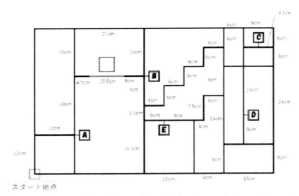

図5.13　自動配達ロボットプログラミング演習で利用した道路地図

　放送大学BS231第5回番組で流された動画では、五つの課題に取り組んだ後、自動運転タクシー、自動運転バスという発展課題に取り組んでいる様子が流された。児童達からは、プログラムによりロボットを動かして動作を実際に目で確認できたので、間違えた箇所を見つけやすく、理解が深まったという声が多くあった。また、本演習を通して、未来社会を展望する児童もおり、プログラミングの学習だけでなく、ロボットと未来社会を想像する良い機会になったと言える。ただし、プログラミング学習の観点からは、条件分岐や繰り返しはよく理解できたが、ベクターの動作を登録して再利用するという、関数化の理解が困難なケースが多くあった。

図 5.14 児童達の演習取り組みの様子

5.5 まとめ

　本章で説明した、教師ロボット連携授業、ロボットプログラミング授業は、実は、私の研究室に所属する大学院修士学生が小学校に出前授業を行った結果、実施できたという経緯がある。近い将来、小学校教師によるAIロボット授業の実践が望まれる。神奈川県のある小学校では、大学の研究室の協力の下で、小学校教員が30時間程度ロボットプログラミングの研修を受けた結果、小学校教員が自分達の力で、ロボットプログラミング授業を実施できたそうであり、地域ごとに、このような人材育成協力体制を考えていく必要があろう。将来、小中学校の教師による手作りのAI授業が全国レベルで普及し、小中学校レベルで、お互いのAIロボット授業開発知識・スキルを交換し、相互に学べるようなコミュニティができることを望みたい。

第6章
観光とAI

　本章では、推薦システムについて説明した後、推薦システムの観光振興への適用例として、高速道路SA（サービスエリア）から観光地への立ち寄り推薦システムの要求分析、知識グラフに基づくシステムの設計と実装、SAにおける観光地立ち寄り推薦システムの実証実験とその評価について述べる。

6.1 検索エンジンと推薦システム

　検索エンジンは、検索語を手掛かりにして、検索結果を表示するのに対し、推薦システムは、ユーザの要求から、ユーザが好みそうなアイテム（商品など）を予想して推薦する。また、検索エンジンは、巨大IT企業中心に開発されているのに対し、推薦システムは、ネット通販企業が自社のWebサイト内で独自に開発し、ユーザに提供している。例えば、国内には、数種類のグルメサイトがあるが、ユーザが好むグルメを迅速にかつ的確に推薦するシステムの開発が重要となり、各社がその開発競争をしているともいえる。

　図6.1は、「AI勉強法」を検索エンジンに入力したときの検索順位結果と、アマゾンオンラインネット書籍通販サイトに入力したときの検索順位結果を比較した結果である。

図6.1　「AI勉強法」を入力したときの表示結果の比較

　左側の検索エンジンでは、AI、勉強法というキーワードが含まれるWebページが上から順番に並んでいる。一方、右側のアマゾンのサイトでは、2位にプログラミング勉強法の書籍、3位は一般的な勉強法の書籍という、「AI」と「勉強法」の両方の検索語を含まない書籍が上位に推薦されている。この推薦の仕組みは公開されていないので、不明ではあるが、AIを勉強しようと思っても、プログラミングの知識が不十分だから、プログラミ

ング書籍を購入したり、あるいは、プログラミングに限らず、一般的な勉強法に関する書籍が過去に購入された事例が多くあり、この事例に基づいて推薦した結果であろうと推測される。

図6.2に、推薦システムの構成を示す。推薦システムの入力は、ユーザデータである。ユーザデータとは、推薦アイテムに関するユーザの要求に関するデータであり、例えば、レストラン検索の場合、和食にするか、中華にするか、洋食にするかなどの食事カテゴリ、値段、場所、滞在可能時間などのデータを入力することになる。このユーザデータの入力に対して、推薦システムは、他のユーザが過去に選択した推薦事例、アイテムに関するデータベースを利用して、内容ベースフィルタリング、協調フィルタリングなどのアルゴリズムを利用して、推薦アイテムとその推薦順位を決める。内容ベースフィルタリングとは、ユーザデータとアイテムデータの照合度により、推薦アイテムとその推薦順位を決めるアルゴリズムである。一方、協調フィルタリングは、ユーザデータと類似する他のユーザデータの推薦結果を利用して、推薦アイテムとその推薦順位を決めて、ユーザに提示するアルゴリズムである [1]。

図6.2　推薦システムの構成

6.2　高速道路SAから観光地への立ち寄り推薦システムの要求分析

本節では、高速道路SAから、近辺の観光地とか飲食店への立ち寄りを推薦するシステムへの要求を分析する。要求分析とは、ユーザがそのシステムを利用して何をしたいのかという、システムへの要求を明らかにすることである。

図6.3に、6.4節で述べる、観光地立ち寄り推薦システム実証実験を実施したエリアを走る高速道路の地図を示す。愛知県東部と静岡県中西部を走る東名高速と新東名高速の高速道路の休憩施設（SAサービスエリアとPAパーキングエリア）で、高速道路ユーザの声を聞き取りながら、要求分析を進めた。

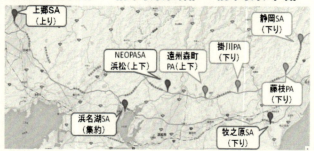

図6.3　観光地立ち寄り推薦システム実証実験を実施したエリアと高速道路

高速道路ユーザは、一人ではなく、グループの場合が多く、グループの形態に依存して、立ち寄りたい観光地・飲食店がかなり変わることが判明してきた。そこで、静岡県西部の浜名湖SAで休息されている高速道路ユーザの方々に聞き取り調査を実施して獲得された意見に基づいて、図6.4のようにユーザデータと推薦アイテムデータの仕様を定義した。以下、各項目について説明する。

ユーザデータについては、まず、ユーザのグループ構成、すなわち、家

6.2 高速道路 SA から観光地への立ち寄り推薦システムの要求分析

項目	項目詳細
ユーザグループ構成	家族、夫婦、恋人、友人（男/女/男女）
目的活動	食べる、見る、遊ぶ、体験、癒し
立ち寄り時間	・短時間（60分程度） ・適当時間（90分程度） ・長時間（120分以上）
活動費用	・節約（1000円以内） ・適度（1000〜2000円） ・贅沢（2000円以上）

推薦アイテム（観光地・飲食店）データ
- ユーザグループ
- 活動タイプ
- 活動時間
- ICからの往復時間
- 活動費用

図6.4　ユーザデータと推薦アイテムデータの仕様

族か夫婦か恋人か友人か、友人の場合でも、男子だけなのか、女子だけなのか、男女混合なのかを尋ねることにした。尋ね方が細かすぎると思う読者もいるかもしれないが、聞き取り調査を重ねていった結果、友人でも男女構成が変われば、希望する観光地や飲食店が変わることが判ってきたので、このように細かく尋ねることにした。この後、立ち寄り目的活動については、食べる、見る、遊ぶ、体験、癒しの5項目の中から、ユーザは選択する。立ち寄り時間については、移動と活動を併せて、60分、90分、120分以上と3クラスの中から、活動費用は、一人当たりで計算して、節約型（1000円以内）、適度（1000〜2000円）、贅沢（2000円以上）と3クラスの中から、ユーザは選択する。

　一方、観光地や飲食店がデータとなる推薦アイテムデータについては、ユーザデータに合わせる形で、その観光地や飲食店の訪問に適したユーザグループ、活動タイプ、活動時間、高速道路IC（インターチェンジ）からの往復時間、活動費用などをデータ項目として記述し、登録することにした。

　以下、立ち寄り推薦シナリオの具体例について述べる。図6.5中央のスマートフォンアプリで、立ち寄り推薦アプリが実行される。浜松で実証実験を実施したので、浜松市マスコットキャラクター「出世大名・家康くん」がユーザに話しかけるようにした。

　最初の質問Q1は、ユーザグループ構成の質問で回答が「家族」、Q2が

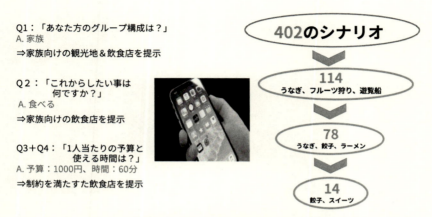

図6.5 観光地・飲食店立ち寄り推薦シナリオの具体例

立ち寄り目的活動の質問で回答が「食べる」、Q3が活動費用の質問、Q4が立ち寄りに使える時間の質問で、それらの回答が「予算1000円、時間60分」というようにユーザが回答したと仮定する。

観光地と飲食店はSA/PAの最寄りのインターチェンジから片道20分以内に限定すると、65の観光地・飲食店が対象となり、これらの組み合わせにより、402の観光地・飲食店の立ち寄りシナリオが作成された。Q1回答後、うなぎ・フルーツ狩り・遊覧船などを含む114のシナリオに絞り込まれ、Q2回答後、うなぎ・餃子・ラーメンなどを含むような78のシナリオに絞り込まれ、Q3とQ4の回答後、餃子・スイーツなどを含む14のシナリオに最終的に絞り込まれていくプロセスになった。

図6.6に、浜名湖SAにいる女性2名グループが、予算3000円、立ち寄り時間120分にした場合の、観光地・飲食店立ち寄り推薦システムの実行結果想定画面を示す。この後、彼女らは「うなぎ　志ぶき」に立ち寄ることを決め、車により11分程度で、志ぶきに到着し、浜松のうなぎを満喫したというシナリオになっている。

図6.6　観光地・飲食店立ち寄りシナリオ想定例

6.3　観光地立ち寄り推薦アプリと知識グラフ

　本節では、観光地・飲食店立ち寄り推薦システムの基盤技術である、3種類の知識グラフについて説明する[2,3]。

　第1の知識グラフは、図6.7に示す、観光施設の知識グラフとクーポンの知識グラフを連携した知識グラフである。観光施設の知識グラフ全体には、観光地と飲食店が65個のインスタンス（具体例）として表現されている。図6.7では、観光地インスタンス#01は、観光地名が浜松市美術館で、電話番号が053-454-6801であると示している。ここで、名称についてはfoaf:name、電話番号についてはfoaf:phoneという、意味関係を表すプロパティにより記述されている。foafはfriend of a friendの省略形で、様々な人物関係を記述するためのプロパティ群を管理するWebページを指す。このWebページでは、人物関係を表すプロパティ群が数十個管理されており、nameとかphoneのプロパティもここで定義されている。浜松市美術館は、人ではなくて施設であるが、foafはもの・設備にも適用可能なので利用される。

　一方、クーポンの知識グラフ全体は、クーポンが提供されている観光地・飲食店が、クーポンのインスタンス群として記述される。図6.7では、クーポンインスタンス#20が、浜松市美術館のクーポンインスタンスとして記

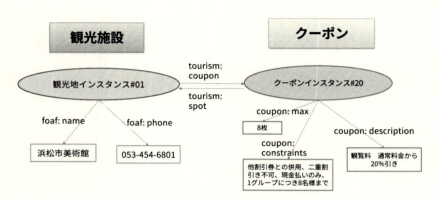

図6.7　観光施設とクーポンの連携知識グラフ

述され、クーポンの内容、クーポン利用時の制約などが記述されている。

　第2の知識グラフは、図6.8に示す、観光施設の知識グラフと観光行動事例の知識グラフを連携させた知識グラフである。図6.8左側の観光地インスタンス#20は、foafにより、その観光地名称はフルーツパークであり、geoという位置を表すプロパティ群としてlatitudeの省略形lat（緯度）、longitudeの省略形long（経度）という緯度経度プロパティにより位置情報を表し、geographical nameの省略形gnという地理的名称を表すプロパティ群の一つである、locatedinにより住所を記述して、nearbyにより距離的に近い場所を記述し、この場合、フルーツパークに近い高速道路施設として、浜松西IC（インターチェンジ）が記述されている。

　また、図6.8右側は、観光行動事例の知識グラフであり、活動インスタンス#50の「見る」と#60の「食べる」から、tourism:spotを使って、活動実施場所として観光地インスタンス#20、すなわち、はままつフルーツパークを指している。はままつフルーツパークで「見た」という行為の具体的内容として、水曜日の18時～21時この時間帯に開催されたイルミネーション、同じ水曜日の10時～17時30分まで開園されているフルーツバイキングで食事をしたという活動事例も記述されている。

　第3の知識グラフは、図6.9に示す、ユーザの知識グラフと観光行動事例の知識グラフを連携した知識グラフである。図6.9左上のユーザ情報イン

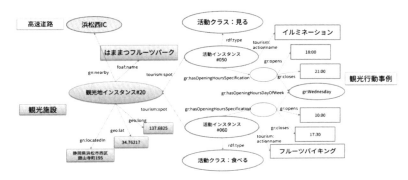

図6.8　観光施設と観光行動事例の連携知識グラフ

スタンス#100では、idが#100のユーザが、iPhone 6によりIPアドレスにアクセスしたことが記述されている。

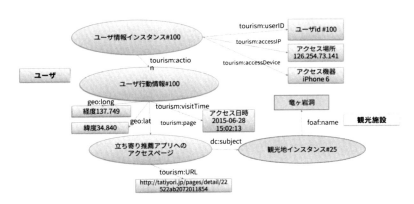

図6.9　ユーザと観光行動事例の連携知識グラフ

次に、そのユーザ行動として、ユーザ行動#100として2015年6月28日15時2分13秒、経度137.749度、緯度34.840度の場所で、観光地インスタンス#25の竜ヶ岩洞のWebページにアクセスしたという活動記録が記述されている。

以上、各種知識グラフの詳細な構造を説明したが、次節では、これらの知識グラフを利用して、観光地・飲食店立ち寄り推薦アプリが動作するス

マートフォンアプリを利用した実証実験とその評価について説明する。

6.4 観光地・飲食店立ち寄り推薦システムの実証実験と評価

　本実証実験の中心地は浜松なので、浜松市に位置する静岡大学情報学部情報社会学科の杉山岳弘研究室との共同研究により実証実験を実施した [4]。実験期間は2014年6月7日～7月6日の1ヶ月、杉山研究室所属の学生さんに手伝ってもらいながら、SA/PAで実証実験を実施した。愛知県東部から静岡県中西部の具体的なSA/PAは、西から、上郷SA、NEOPASA浜松、浜名湖SA、遠州森町PA、掛川PA、牧之原SA、藤枝PA、静岡SAである。以下、放送大学BS231第6回番組で放送された、観光地・飲食店立ち寄り推薦スマートフォンアプリ（浜松市キャラクター「家康くん」が登場して質問してくるので、以下、このアプリを家康くんと呼ぶ）の実行過程について説明する（図6.10に実行画面の一例を示す）。

　ユーザが、観光地・飲食店を推薦してもらうために、おススメスポット診断をクリックすると、浜松市キャラクター「家康くん」が登場して質問してくる。活動タイプを「食べる・見る・遊ぶ・体験・癒し」のうち、ユーザは「食べる」を選択したとする。続いて家康くんは、グループ構成について質問し、ユーザは「家族」を選択したとする。この後、予算1000円、時間は90分を選択したとする。このようにして、ユーザ入力は「活動タイプは食べる、グループ構成は家族、予算は一人当たり1000円、食事時間は90分」となり、家康くんは、その条件に当てはまる飲食店リストを推薦してくる。その中から、ユーザは、はままつフルーツパーク内のフルーツトッピングを選択すると、はままつフルーツパークに関する様々な情報が提示される。さらに、スケジュールボタンをクリックすると、現在地時刻10時44分から、はままつフルーツパークへの到着時刻11時3分、および観光時間は30分と表示される。このようにして、観光地をはままつフルーツパークに決定すると、カーナビ入力用の詳細な情報も提示される。

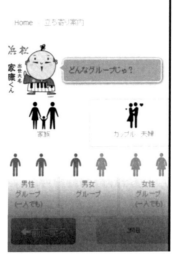

図6.10 観光地・飲食店立ち寄り
推薦スマートフォンアプリ
の実行画面

最後に、実証実験だったので、ユーザに立ち寄りに関するアンケートを依頼した。本アプリは、家康くんの機能以外に、別途9種類の検索エンジンを用意した。動画では、静大生おススメ機能をクリックし、「うなぎパイ」ファクトリを閲覧しているが、地元の大学生がどこに行っているかを知りたいという声が多く、この検索エンジンでは、静大生おすすめ検索が結構人気を得ていた。

図6.11は、本実証実験において、スマートフォンアプリのアクセスレベルに応じたユーザ数の変化を調査した結果である。チラシやポスターを見て、スマートフォンアプリにアクセスした人は730人、その後、トップ画面に移動した人は515人、諸機能を使って観光地を調べた人は460人、特定の観光地に行く意思を示した人は222人、最終的に実際に立ち寄った人は26人であった。

Webアプリアクセスから、Webサイトの最終成果につながる行動に至った件数の割合をコンバージョン率と呼ぶ。家康くんにアクセスした730人

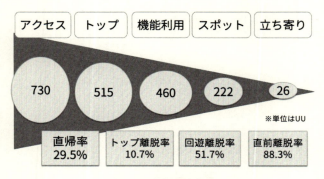

図6.11　実証実験結果

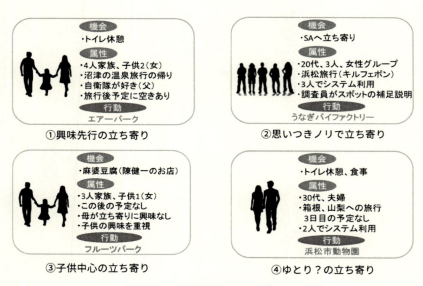

図6.12　グループの立ち寄りの分析

の中で、3.6％である26人が立ち寄り行動を起こしたことになり、ECサイトのコンバージョン率の最高値と同等であり、良い結果になったと考えている。

　図6.12は、立ち寄りを実行したグループの分析結果である。①の4人家族は、お父さんが自衛隊好きでエアパークに立ち寄った。②の20代3人の

女性グループは、ケーキ店キルフェボンに行く前に、「うなぎパイ」ファクトリに立ち寄った。③の3人家族は、子供の興味を重視して、フルーツパークに立ち寄った。④の30代夫婦は、時間が結構あったので、浜松市動物園に立ち寄った。

　ユーザの立ち寄りデータを蓄積すれば、機械学習によりユーザ嗜好により近いアイテムを推薦できると考えられるが、今回の実証実験では、そのデータはあまり蓄積されていないので、機械学習は実現されていない。

6.5　まとめ

　本章では、複数の知識グラフを開発したが、地元の観光協会から提供された観光情報が有益であった。元データは、文章とか写真だったので、それらを知識グラフに変換するには時間を要したが、家康くんの性能向上に貢献した。

　近年、地方自治体でオープンデータという取り組みが推進されているが、オープンデータの充実度には差があり、人口などの一般的な行政情報に留まるケースから、観光に関連する詳細情報を提供しているケースまで、様々である。観光だけに限らないが、国民にとって便利なITサービスを開発するには、オープンデータを充実させ、知識グラフなどで表現して、オープンデータを有機的に連携できるプラッフォームの開発が、国・地方自治体レベルで必要であるといえる。

第7章
間接業務とAI

　本章では、間接業務を効率化するRPAとBRMSについて紹介した後、大学における出張旅費申請手続きを対象にして、BRMSの開発手順、業務ルールの体系化、出張旅費申請支援システムの実証実験、申請側と点検側における評価について述べる。最後に、1.6.2項で述べた言語処理向けディープラーニングBERTと2.2節と6.3節で述べたオントロジーと知識グラフを利用して開発した意味検索エンジンをドキュメント検索に適用した結果について説明する。

7.1　RPAとBRMS

　業務は、直接業務と間接業務に大別できる。直接業務は、組織の売上・利益に直接貢献する業務であり、企業であれば、製造、開発、営業、販売、大学であれば、教育と研究が主たる直接業務になる。一方、間接業務は、直接業務を支援する業務であり、人事、総務、給与計算、経理などを指し、本章の前半では経理業務、後半ではドキュメント管理を扱う。近年、間接業務を効率化するシステムが注目されてきたが、RPAとBPMSがその代表である。

　RPA(Robotic Process Automation)は、人によるパソコンを利用した単純定型業務を代行するソフトウェアである。RPAは、プログラミングが不要なので、多くの間接部門で受け入れられ、日本では2017年頃から、RPAブームが起こり、今もなお継続している。なお、RPAの文脈で使われるロボットは、身体をもつハードウェアロボットを意味するのではなく、ホワイトカラーの補完としてオフィス業務を代行するソフトウェアロボットを意味する。

　一方、BPMS(Business Process Management Systems)は、業務プロセスを改善するシステムであり、その中に、BRMS(Business Rule Management Systems)が含まれる。BRMSは、業務ルールに基づき、人の判断が伴う業務プロセスを自動化するシステムである。

　以上まとめると、単純定型業務にはRPA、業務ルールを利用した判断業務にはBRMSを利用することになる[1]。

7.2　大学における出張旅費申請業務

　本節では、大学における出張旅費申請、すなわち、教員が出張旅費を申請して、職員がその申請を点検する業務について述べる[2]。

　表7.1に、大学における出張旅費申請業務の概要をまとめた。出張旅費申請者は、主に教員である（教員の秘書、学生の場合もある）。申請者は、

申請書作成以外に、出張旅費に関する証拠書類、学会に参加する場合は、学会プログラムなどを準備し、申請書と証拠書類を事務側に提出する。点検者は、総務課、管財課（経理課）、学術研究支援課などの職員であり、申請書と証拠書類の内容を点検し、出張旅費申請業務ルールに基づき、交通費、宿泊費、日当を計算し、不備があれば、申請書にコメントを追記して、申請側に差し戻す。

表7.1 大学における出張旅費申請業務の概要

担当者		業務内容
申請側	教員，学生，秘書	・申請書作成 ・出張旅費に関する証拠書類の用意 ・申請書と証拠書類の提出
点検側	職員 （総務課・管財課・ 学術研究支援課）	・業務ルールに基づき、 　申請書と証拠書類の内容点検 ・交通費、宿泊費、日当の計算と点検 ・申請書への追記

　図7.1に、アジア太平洋フォーラム・淡路会議で講演するために、日吉駅（神奈川県横浜市）から淡路夢舞台（兵庫県淡路市）に出張したときの、出張旅費申請書を示す。申請側で時間を要するのは、旅行日程の記述であり、連泊するときでも1日ごとに時系列で、移動内容か用務内容を記載していき、特に、移動日の場合は、出発地から目的地までの経路を、利用する交通機関や経由地を含めて、指定された形式に整形して記入する必要があり、この整形作業に時間を要している実態がある。申請者は、経路検索Webサービスなどを利用して、移動経路を検索し、検索結果を編集整形して、Excelシートの旅行日程欄に貼り付けて、検索結果画面の印刷物とともに、提出する。

　さらに、旅行日程における移動経路、運賃、宿泊料、日当については、公的資金マニュアルに記載されている出張旅費申請業務ルールに基づいて記入する必要がある。この業務ルールはかなり詳細なので、申請者はすべて把握しておらず、後で点検側の職員から、間違いの指摘を受けるケースが多い。

　宿泊料と日当についても、金額の計算方法に関連する業務ルールが複数個あり、申請者はすべてを把握できておらず、計算ミスも発生し、職員か

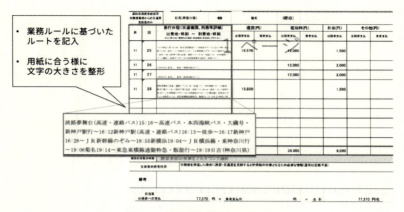

図7.1 出張旅費申請書の記入例

ら間違いの指摘を受けることになる。

7.2.1 出張旅費申請に関する業務ルール

表7.2のように、出張旅費申請業務ルール群は、その内容から、運賃、宿泊料、日当、提出書類に関連する4種類の業務ルールに分けることができる。また、知識の性質から、マニュアルから得られた形式ルール、職員のインタビューから得られた経験的な暗黙ルールに分けることもでき、35個の形式ルールと11個の暗黙ルールが獲得され、合計46個のルールから構成されることが判った。

表7.2に、内容で分けた4種類の業務ルールの具体例を記載したが、例えば、宿泊料に関する業務ルールの場合、「国内出張かつ片道距離が100km未満の場合には、宿泊費は支給されない」という形式ルールがある。しかし、この例外ルールとして、日吉駅（神奈川県横浜市）から伊東駅（静岡県伊東市）への出張の場合、距離は99.2kmで100km未満になるが、伊東で宿泊しての学会開催が多いことから、特別ルールとして、宿泊費を支給するという、組織毎に個別暗黙ルールを定めているケースがある。

以上まとめると、大学の出張旅費申請においては、申請（教員）側では、マニュアルの業務ルールを理解して詳細な旅行日程を決める作業、および

表7.2 出張旅費申請業務ルールの分類

	運賃	宿泊料	日当	提出書類	合計
形式ルール	5	5	15	10	35
暗黙ルール	0	2	3	6	11

- **運賃**
  - 形式ルール：国外出張かつ目的地が成田空港の場合，特急料金が支給可能
- **宿泊料**
  - 形式ルール：国内出張かつ片道距離が100km未満の場合，宿泊費は支給されない
  - 暗黙ルール：日吉から伊東の出張の場合，片道距離は100km未満だが宿泊費を支給する
- **日当**
  - 形式ルール：国内出張かつ，役職が教授かつ，日帰りの場合，日当は2,400円である
  - 暗黙ルール：出張の中日かつ，移動・用務が共にない日の日当は支給されない
- **提出書類**
  - 形式ルール：国内出張かつ，役職が教授かつ，利用交通手段が電車の場合，必要な書類は，「出張申請書」，「国内用出張旅費申請書」，「運賃を証明する書類」，「出張日程が確認できる書類」，「会場の最寄り駅が確認できる書類」である
  - 暗黙ルール：学生の学会発表の場合,学外活動届けが必要

経路検索Webサービスの結果をExcelシートの形式に整形して旅行日程を申請書に貼り付ける作業に時間を要し、ミスも発生しやすい状況になっているといえる。

一方、点検（職員）側では、運賃、宿泊料、日当の計算、旅行日程の移動経路の点検には、業務ルールの正確な理解が必要であり、運賃の計算には、教員の定期区間を除外することも必要であり、手間がかかっている。例えば、日吉駅から東京駅まで定期券を持っている人は、日吉駅から仙台駅に出張する場合、日吉駅から東京駅までの運賃は除外する必要がある、そのような細かい処理が含まれるので、経験の浅い職員には、難しい業務になっている。

7.2.2 出張旅費申請支援システムのデモ

本項では、放送大学BS231第7回番組で放送された、出張旅費申請支援システム（事務側からは「出張お助け君AI」と呼ばれた）のデモの内容を説明したナレーションをそのまま下記に掲載する。

「最初の画面では、CRESTという研究資金から出張旅費を支出し、出張日程は2020年6月15日から17日であり、この後、用務先と用務事由を

入力していきます。」

「これから、1日ごとに出張日程を入力します。1日目の6月15日について、出発地点が横浜市の日吉、目的地が仙台、到着時刻は11時までと入力しますと、統合された経路検索アプリケーションにより、8時1分に日吉を出発して、10：40に仙台到着のルートが表示されます。なお、このルートは、左タブの最小乗り換えルートであり、中央タブでは最短時間ルート、右タブでは最安料金ルートも表示され、そのユーザの好みによって選択可能になっています。」

「ルートを印刷して事務に提出する必要がありますので、印刷画面に移りますが、このデモでは必要ないので、キャンセルします。」

「1日目の6月15日の画面に戻って、学会と入力し、宿泊料、日当を計算するボタンをクリックしますと、業務ルールが自動的に適用され、宿泊料12000円、日当3000円になることが提示されます。」

「完了ボタンを押して、2日目の6月16日の画面に移動し、先程と同様に、用務として学会を入力し、宿泊料、日当を確認した後、完了ボタンを押します。」

「最終日3日目の6月17日の画面に移動し、用務として学会を入力した後、学会終了後に、仙台から日吉に帰るため、移動の追加ボタンを押しますと、往路の出発地と目的地を反転させ、19時に仙台を出発して、22時10分に日吉駅に到着のルートが表示されます。最終日ですから、宿泊費はなく、日当3000円だけが表示され、運賃、宿泊料、日当を含む日程表が表示され、確認後、ダウンロードボタンを押すと、事務に提出するためのExcelシートに変換、表示されて、教員が確認してこれでよければ、それをそのまま印刷して事務に提出すればよいことになります。この後、提出書類として、出張日程が確認できる学会プログラム、出張会場の最寄り駅が確認できる書類を提出するようにこのシステムはユーザ

に指示します。」

7.3 出張旅費申請支援システムの導入実験と評価

本節では、出張お助け君AIについて、申請側と点検側の両方からの評価について述べる[2]。

7.3.1 申請側の評価

表7.3に示すように、申請（教員）側については、出張旅費申請に不慣れなユーザAと慣れたユーザBが、従来手法（手作業）と出張お助け君AI利用時において要した、日帰り日程の申請書作成時間と宿泊を伴う日程の申請書作成時間を比較して評価した。

表7.3 申請側の出張お助け君AIの評価

単位（分）

出張期間	日帰り		宿泊	
点検方法	従来手法	システム利用	従来手法	システム利用
ユーザA	12	2	22	4
ユーザB	8	4	15	5
合計	20	6	37	9

不慣れなユーザAの行を見ると、日帰り日程の場合、手作業12分が出張お助け君AI利用時には2分に短縮され、宿泊を伴う日程の場合、22分が4分に短縮され、申請書作成時間は1/5～1/6に大幅に短縮されたことが判った。

慣れたユーザBの行を見ると、日帰り日程の場合、手作業8分が出張お助け君AI利用時には4分に短縮され、宿泊を伴う日程の場合、15分が5分に短縮され、申請書作成時間は1/2～1/3に短縮されることが判った。

全体では、申請書作成時間は、日帰り日程で3/10、宿泊を伴う日程で1/4程度に短縮できることが判り、宿泊を伴う複雑な出張申請の方が、出張

お助け君AIの導入効果は大きいことが判明した。

なお、ユーザアンケートから、「経路検索結果をExcelシートの旅行日程セルに整形して貼り付ける作業が面倒だったが、出張お助け君AIにより、その作業が不要になったことが一番助かった。」という感想が聞かれた。

7.3.2　点検側の評価

表7.4に示すように、点検（職員）側については、日帰り日程・宿泊日程・経由地が3か所以上となる移動経路が複雑になるケースなど、合計18件の申請を準備し、熟練者1名、中級者2名、初級者1名、合計4名の職員に協力してもらい、従来手法（手作業）と出張お助け君AI利用時に要した点検時間を比較して評価した。

表7.4　点検側の出張お助け君AIの評価

申請書の種別	従来手法					システム利用
	日帰り	国内・2〜3泊	経由地3カ所以上となる複雑な経路	その他	合計	合計
申請書の件数	2	2	8	6	18	18
業務ルールによる点検時間（分）	3	6	39	66	114	38
文章意味理解が伴う点検時間（分）	1	1	9	16	27	27
合計作業時間（分）	4	7	48	82	141	65

この結果、複雑な経路の場合、および複雑な日程の場合に、手作業では、運賃計算、宿泊費、日当計算に長い時間を要しており、出張お助け君AIの利用効果が大きくなり、全体の申請書点検時間は114分が38分に、1/3に短縮され、出張お助け君AIの導入効果が大きいことが判明した。

7.4　ドキュメント意味検索エンジン

本節では、1.6.2項で説明した言語処理向けのディープラーニングBERT、および2.2節と6.3節で説明したオントロジーと知識グラフを利用して、高速道路構造物ドキュメントを管理するための意味検索エンジンについて述べる [3]。通常の検索エンジンは文字列照合で動作するのに対して、意味検

索エンジンは、文字列（単語）の意味を考慮して検索するシステムである。

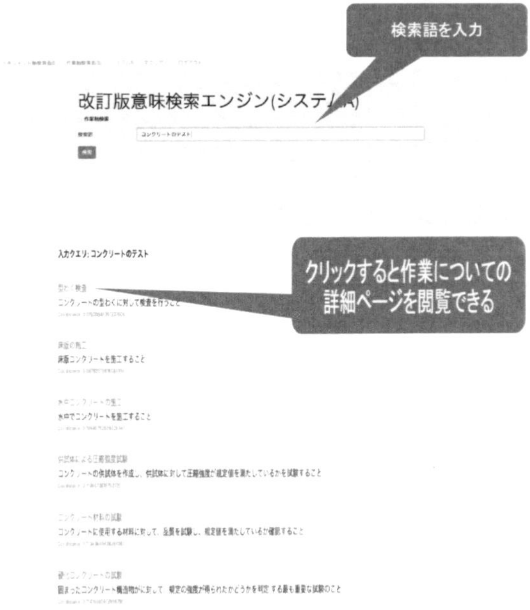

図7.2　意味検索エンジンの実行画面

　図7.2に、開発した意味検索エンジンの実行画面の一部を示す。画面上部で、ユーザが「コンクリートのテスト」を検索語句として入力して、その下部に検索結果が表示され、型わく検査、床版の施工、水中コンクリートの施工、供試体による圧縮強度試験、コンクリート材料の試験、硬化コンクリートの試験という6項目の見出しが画面に表示されている。これらの見出しには、型わく検査など、「コンクリート」という用語が含まれない見出しも含まれているが、BERTにより、「コンクリート」と「型わく検査」に関連があることが学習されており、「型わく検査」が検索結果として表示される。

　ユーザは、「型わく検査」の詳細を知るためにクリックすると、図7.3の画面見出しから、BERTを利用した検索結果であることが判るとともに、

「型わく検査」に関連する文書と、「型わく検査」の後続作業は「打設(だせつ)立会」(人の立ち会いのもとでの打ち込み作業)になることが、知識グラフを利用して知ることができる。このように、BERTと知識グラフを併用して、ユーザは、効率よく目的とするドキュメントに到達することができる。

図7.3 「型わく検査」関連情報の提示

本意味検索エンジンの性能を評価するために、表7.5の上表のように、「コンクリートのスランプは、どの箇所で計測すればいいか」という検索文と「コンクリートの打ち込み箇所」という正解、というようなペアを20ペア与え、MRRにより評価した。MRR(Mean Reciprocal Rank)とは、日本語では、平均逆順位と呼ばれる検索エンジンの評価基準であり、正しい検索順位の逆数(1位なら1、2位なら0.5、10位なら0.1となり、値の範囲は0〜1)となり、値が大きい程、検索精度は高いことになる。評価実験の結果、表7.5の下表のように、BERTと知識グラフを利用した本意味検索エンジンのMRRの結果は0.65であって、知識グラフだけの場合は、MRRは0.5に下がった。今回、ユーザは、数年程度のコンクリート関連作業経験者であったので、専門用語を正しく検索語として入力していたので、知識グラフ上の文字列照合がある程度有効に働いたといえる。初級者が使え

ば、専門用語を知らないため、その専門用語に関連する一般用語を入力するので、知識グラフ上の文字列照合はあまり機能せずにMRRはかなり小さい値になると推定され、BERTの利用効果がより大きくなることが予想される。

表7.5　意味検索エンジンの評価実験

評価実験で利用した検索文と解答のペアの例（全部で20ペア）

検索文	正解
コンクリートのスランプは、どの箇所で計測すればいいか	コンクリートの打ち込み箇所
コンクリート構造物の非破壊試験の測定時期はいつか	型わく離脱後〜足場存置期間

2種類の意味検索エンジンの精度比較

	本意味検索エンジン（知識グラフ＋BERT）	知識グラフだけ
MRR	0.65	0.5

7.5　まとめ

　BERTの研究は、従来の自然言語処理の研究を一新させ、高度な対話処理チャットボットとか、意味検索エンジンの研究に利用が進んでいる。

　例えば、LINEで利用できるAIチャットで"りんな"、があるが、BERTが適用され、対話能力が向上している。2016〜17年頃の"りんな"と今の"りんな"を比べると、対話能力は劇的に変化している。

　また、最近、経済産業省と東京証券取引所が選定したDX銘柄（DXを推進している企業リスト）が公開されているが、従来は、多くの人が、企業からの資料を読んで、DX取り組みの熱心さを考えて選定していたが、BERTを利用して作業時間が短縮できる可能性が指摘されている。

　さらに、BERTの基礎であるTransformerが、言語処理、画像処理、動作など、あらゆるタスクを統一的に扱うディープラーニングの基盤となり始めている。4.2.1項で統合知能の研究を紹介したが、Transformerを基盤にした次世代AI研究としてアプローチする研究が多くなりつつある。

第**8**章

グループ討論と
AI、まとめ

　本章の前半では、オントロジーと知識グラフと利用して、AI（ロボット）が小学生グループ討論、および大学生のグループ討論に参加し、発言する仕組みについて説明する。本章の後半では、全章を振り返り、AIプロデューサーの必要性について説明する。

8.1 小学生グループ討論AIロボット

本節では、小学生グループ討論AIロボット（小型人型ロボットSOTA）について説明する [1,2]。

図8.1は、本システム構成の概要である。支援機能は、表8.1に示すように、議論展開、議論誘導、質問応答、発言促進、進行管理という5種類の機能がある。データベースには、児童グループの構成、児童発話ログ、議論テーマに関するキーワード、議論フェーズ、SOTAからの質問リストに関するデータが保存され、SOTAが対話時に利用する。オントロジーは、議論のテーマに関する概念が体系化されたテーマ（ドメイン）オントロジーと一般知識を体系化した日本語Wikipediaオントロジーを準備し、SOTAが対話時に利用する。

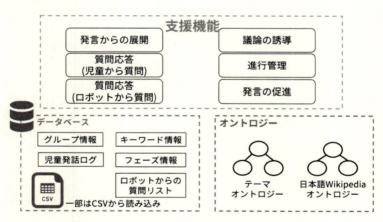

図8.1　小学生グループ討論AIロボットのシステム構成

5種類の機能のなかで、議論展開について説明する。議論展開では、ドメインオントロジーで定義された概念、プロパティ、値から、議論の場面に応じて、関連するキーワード集合を事前に用意し、児童があるキーワードを発言すれば、ドメインオントロジーに含まれるキーワードに関連する情報を利用して、SOTAが説明を追加して、議論を展開していく。

表8.1 小学生グループ討論支援機能一覧

機能	内容
議論展開	データベースを参照し、キーワードについて解説する
議論の誘導	キーワードの発言を促すヒントを発話する
質問応答	オントロジーを参照し、質問に答える
発言の促進	一定時間発言のない参加者に発言を求める
進行管理	一定時間経過後、想定キーワードを発言して、議論を進める

　以下、児童による地球温暖化に関するグループ討論における、議論展開の方法について述べる。児童が「節電」について何か発言したとする。このとき、図8.2に示す地球温暖化オントロジーにおける、プロパティ「説明」の値を利用して「火力発電への良い影響」、プロパティ「補足」の値を利用して「照明をこまめに消す」「テレビを見ないときには電源を切る」が、節電の具体的行動になることをSOTAは児童に説明することができる。図8.3が、この議論展開時の様子である。

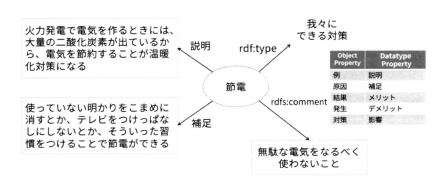

図8.2 地球温暖化オントロジー

図 8.3　小学生グループ討論支援実験の様子

8.2　大学生グループ討論AI

　大学生グループ討論では、コミュニケーションツールSlackを利用し、グループ討論AIソフトウェアが討論メンバーとして参加した。表8.2に、大学生グループ討論支援機能一覧を示す。表8.2を表8.1の小学生グループ討論支援機能と比較すると、支援機能は高度になっている。利用するAI技術はオントロジーであり、8.1節と同様であるが、その利用方法が高度化されている。グループ討論支援機能は合計8種類あるが、代表的な支援機能として、議論拡張と合意形成の仕組みについて説明する。

表8.2　大学生グループ討論支援機能一覧

機能分類	機能名	目的・用途	説明
議論拡張	具体化促進	議論の錯綜抑制 参加者間の齟齬抑制	議論の深掘り促進
議論拡張	話題転換	議論の停滞改善 視野狭窄リスクへの対応	新しい話題提案
議論拡張	意見提示	視野狭窄リスクへの対応	システムのスタンス提示
合意形成支援	意見整理と対立解消	議論の錯綜抑制 参加者間の齟齬抑制 共通認識と相違意見の明確化	合意レベルの確認と議論発展支援
合意形成支援	投稿要約	議論のまとめ支援	グループの意見を要約
議論管理	グループの指向推定	コンテキスト依存な議論支援の実現	グループの興味や関心の同定
議論管理	脱線検知	脱線リスクへの対応	議論の方向性提案
議論管理	タイム・キーパー	—	—

最初に、議論拡張（具体化促進、話題転換）の仕組みについて述べる。図8.4の場面Aは、大学生が、オンライン授業について、グループ討論している場面である。ここで、グループ討論AIは、ドメインオントロジーを利用して、オンライン授業の下位概念に録画授業とライブ授業があることから、「オンライン授業全般ではなく、録画授業とライブ授業について、個別に議論してはどうですか？」と、議論の具体化を促進できる。また、ドメインオントロジーのプロパティ値を利用して、オンライン授業ではグループ学習の実施が困難であるという意見を述べ、オンライン授業の得失についての議論を促すことができる。

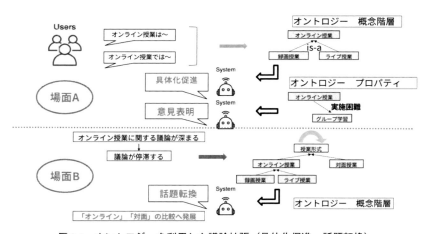

図8.4　オントロジーを利用した議論拡張（具体化促進、話題転換）

一方、図8.4の場面Bでは、オンライン授業の議論が深まった後、議論が停滞してきたので、ドメインオントロジーを利用して、オンライン授業の兄弟概念として対面授業があることから、グループ討論AIは「オンライン授業と対面授業を比較して、議論すればどうですか？」と話題転換を提案することができる。

次に、オントロジーを利用して、議論対立を解消して合意形成を促す仕組みについて述べる。図8.5左上のユーザトリプルは、主語概念Aと目的語概念Bの間に、オレンジ色のプロパティが成立すると、ユーザが発言し

たことを示す。

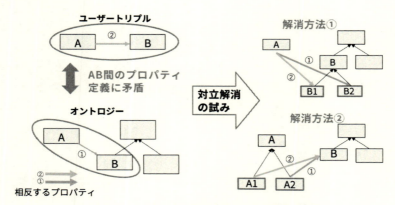

図8.5　オントロジー下位概念を利用した議論対立解消

　しかしながら、図8.5左下のオントロジーでは、概念Aと概念Bの間には、青色（①）のプロパティが成立すると記述されていたとすると、ユーザの宣言とオントロジーの宣言を比較すると、概念Aと概念Bの間に、相反するプロパティが成立すると宣言していることになり、対立（矛盾）が生じることになり、図8.5右側のような方法で、このプロパティ対立を解消していく。

　解消方法①は、オントロジー概念階層において、Bの下位概念としてB1とB2があり、AからBにオレンジ色（②）のプロパティが貼られるのではなく、AからBの下位概念B1かB2のどちらかにオレンジ色（②）のプロパティが貼られ、もう一方の下位概念には青色（①）のプロパティが貼られるべきとグループ討論AIが提案し、オントロジーを改訂して、プロパティ対立を解消する方法である。この場合、AとB1の間に、オレンジ色（②）のプロパティが貼られると仮定し、その仮定にユーザが同意すれば、そのようにオントロジーを改訂して、対立が解消される。

　解消方法②は、Aの下位概念A1とA2を利用して、解消方法①と同様に処理する方法である。

　図8.6は、コミュニケーションツールSlackを利用した、大学生グループ

討論支援実験の一場面である。字が小さくて読めないので、グループ討論
AIが関連する対話部分を抜き出し、拡大して図8.7に示す。

- 参加者：大学2年生112名、グループ数：10、議論テーマ「オンライン授業の在り方」、議論時間80分

図8.6　Slackを利用した大学生グループ討論支援実験

ユーザA
「録画授業は、好きな時に何回でも見られるので、便利です。」

グループ討論AI（議論拡張：話題転換）
「録画授業は、時間割、ユーザのスケジュール、地理的制約など、色々
な制約を解消してくれます。」

ユーザB
「そうだ。オンライン授業では、時間割を無視できる。」

グループ討論AI（議論拡張：具体化促進）
「確かに、オンライン授業は、時間割の制約を解消してくれます。でも、
オンライン授業は、録画授業とライブ授業に分かれますので、個別に議
論してみませんか？」

図8.7　グループ討論AIが関連する対話場面

　グループ討論AIは、まず、議論拡張（話題転換）機能を利用して、「録画
授業というのは、時間割、ユーザのスケジュール、地理的制約など、色々
な制約を解消してくれます。」とコメントしている。次に、議論拡張（具体
化促進）機能を利用して、「確かに、オンライン授業は、時間割の制約を解

147

消してくれます。でも、オンライン授業は、録画授業とライブ授業に分かれますので、個別に議論してみませんか？」と提案している。

以下、議論拡張機能の性能評価について述べる。表8.3のように、99回、グループ討論AIが発言したが、その中で、大学生が有用と感じた発言は58回で、全体の有用性は約60％であった。大学生へのアンケート自由記述欄に、グループ討論AIの長所と短所を尋ねたところ、表8.3の下表のような意見が表明された。議論が細分化された、新しい議題への展開がなされた、知らない事例を紹介してくれたなど、評価する意見がある一方で、議論の前提や状況を理解しないで発言され、グループ討論の妨げになることもあったという、意見も表明された。1回目の評価実験で、グループ討論AIの有用性が60％程度になったことは良い結果になったと考えている。

表8.3 グループ討論AI（議論拡張機能）の性能評価

	AI発言回数	有用な発言回数	有用性
議論拡張	99	58	59%

長所	短所
・議論が細分化され、議論が深まった。 ・議論が硬直している状況で、AIから新しい議題に展開することが促され、実際に、議論が展開していった。 ・AIが知らない事例を紹介してくれて、役に立った	・AIから、学生の分類を促す発言が行われ、大学生以外の生徒についても議論が成され、議論が発散してしまった。

8.3　全章の振り返り

本節では、図8.8に示したように、これまでに言及したAI技術論、および産業（問題領域）×AIシステムについてまとめる。

第1章では、66年間に渡るAI研究・AI技術を紹介した後、どの業務プロセスにどのAI技術を適用すれば、人とAIがうまく連携できるかを考える新しい人材「AIプロデューサー」を提唱した。人工知能学会から提唱され

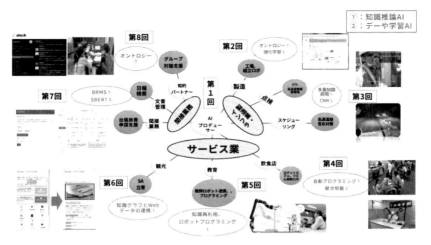

図8.8 AI技術論、産業×AIシステムのまとめ

ているAIマップでは、100種類以上のAI技術が提示されているが、AI技術は、大別して、知識推論AIとデータ学習AIに分かれる。AIプロデューサーは、各種AI技術で、何ができて何ができないかを見極め、人と連携可能なAIシステムの基本設計を行い、業務担当者とAIベンダーの橋渡し役を担いながら、AIプロジェクトを適切に推進することが主な役目となる。

第2章以降、具体的な産業（問題領域）における、知識推論AI技術とデータ学習AI技術の適用例とその効果・限界について説明した。

第2章は製造業とAIをテーマにして、知識推論AIについては、SCORと呼ばれる生産管理標準参照オントロジーを紹介し、SCOR標準参照モデルと車の部品メーカーの生産管理モデルを自動的に比較し、SCORとの差異に基づいて、メーカーの生産管理改善点を提示するツールを紹介した。実装実験では、22個の差異が提示され、その中で数個の差異がメーカーにとっては検討するに値するという評価であった。データ学習AIについては、強化学習の仕組みを紹介し、ロボット動作への適用例について説明した。

第3章は交通インフラとAIをテーマにして、知識推論AIについては、異なる知識表現を連携させた多重知識表現について説明し、実践事例として、高速道路ETC点検業務のためのAIスマートグラス、および雪氷対策業務

（スケジューリング）支援システムについて述べた。これらの実践事例では、第1段階で、マニュアルから得られた形式知でシステムを開発しただけでは高い性能を達成できなかったので、第2段階で、インタビューにより専門家から暗黙知を獲得しようとしたが、多くの暗黙知は獲得できなかった。そこで第3段階として、AI技術者が実際の業務を体験し、疑問点を専門家に質問する方法を採用したところ、多くの暗黙知を獲得することができ、性能が向上した。実証実験では、新人作業者がETC点検業務AIスマートグラスを身に付けて、疑問点を随時AIスマートグラスに尋ねながら作業を進めることができた。また、雪氷対策業務支援システムは初級者教育支援システムとして利用され、マニュアルにより学習した初級者と本システムで学習した初級者に同一テストを実施したところ、マニュアルによる学習では33％程度であった正解率が、システムによる学習では63％程度に向上し、教育システムとしての有用性が実証された。データ学習AIについては、NEDOプロジェクトにおける、CNN(畳み込みニューラルネットワーク)による橋梁ひび割れ検知システムを紹介した。

第4章はサービス業とAIロボット、第5章は教育とAIロボットをテーマにして、筆者の研究室で開発した、センサ処理と記号処理を統合する統合知能と呼ばれる次世代AIアプリケーション開発プラットフォームPRINTEPSについて説明した。PRINTESPでは、ユーザが日本語により業務プロセスを記述すれば、Pythonプログラムコードを自動生成できる。第4章では、PRINTEPSの適用例として、ロボット喫茶店とうどん板前ロボットを紹介し、第5章では、教師ロボット連携授業を紹介するとともに、この授業を初めて実施する教師のために、授業ノウハウを検索できる知識再利用ツールについて説明し、最後に、GIGAスクール時代を迎え、小学校でも教育が開始されたロボットプログラミング教育についても紹介した。

第6章では観光とAIをテーマにして、知識グラフとWebデータを連携させ、高速道路から地域の観光地・飲食店への立ち寄りを推薦するスマートフォンアプリケーションについて説明した。愛知県東部から静岡県中西部の高速道路休息施設（SA/PA）において、1ヶ月程度の実証実験を実施した結果、730人がこの観光地立ち寄り推薦アプリを利用し、そのうち26人が実際にこの地域の観光地・飲食店に立ち寄った。コンバージョン率は

26÷730≒3.6％であり、高い達成率であると評価できる。ただ、学生がSA/PAで休憩中のお客さんにこのアプリを広報した効果が大きかった側面もあり、コストの低い広報活動による普及が課題になった。

第7章では間接業務とAIをテーマにして、大学教員の出張旅費申請業務を支援するAI（出張お助け君AI）について説明した。業務ルールは46個あり、マニュアルに書かれている形式知が35個、職員の頭の中にある暗黙知が11個であった。宿泊を伴う出張申請で実験し、出張お助け君AIを使って処理した場合の処理時間と従来の手作業で処理した場合の処理時間を比較したところ、申請（教員）側では申請時間が1/4に短縮され、点検（職員）側では点検時間が1/3に短縮され、導入効果が大きいことが判った。また、知識グラフと言語処理向けのディープラーニングBERTを統合したドキュメント向けの意味検索エンジンを紹介し、BERTを併用することにより、文字列照合に基づく従来の検索エンジンより、検索精度が向上することが確認できた。

第8章前半ではグループ討論とAIをテーマにして、小学生と大学生を対象にして、オントロジーを利用して、議論拡張（具体化促進、話題転換）、合意形成支援（対立解消）の機能が実現でき、大学生の実証実験において、60％程度の有用性が確認できた。

8.4 AIプロデューサーに向けて

前節のまとめを基盤にし、インフラ、サービス業、教育現場、間接業務において、人手中心に行っている業務形態から、人とAIが協働する業務形態に変革する流れを図8.9に示すが、様々な現場で、そのような新しい仕組みを考案することがAIプロデューサーの仕事になる[3]。

現在、続いている第3次AIブームでは、ディープラーニングが強調されるが、8章で述べたような、意味を理解した深いレベルの対話（議論）は実現できない。そのため、次世代AI技術として、人とAIが連携できる基盤として、ディープラーニングとオントロジー&知識グラフの統合環境、説明

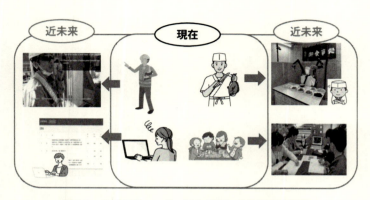

図8.9　AIプロデューサーによる新しい仕組みの考案

できるAIであるXAI(eXplainable AI)などの研究が、米中欧日で推進され、国家・企業間でAIシステムの研究開発競争が続いている。AIは、数年前の技術がすぐに古くなるほど、ダイナミックに変化している分野である。しかしながら、基礎をおさえておけば、その変化を読み取ることは難しくないので、本書を活用して頂きたい。また、AIプロデューサーが、ITユーザ企業の業務体制を変革していく、DX（デジタルトランスフォーメーション）人材の中核になることを期待している。業務分析結果と具体的なAI技術を対応付けた後、AIソフトウェア、AIロボットが人の業務を代行する、支援する業務プロセスを特定し、人とAIの協働プロセスを考え、従来の業務プロセスを一新して、組織の競争力を高めるためのDXを提言できる人材が、真のAIプロデューサーであり、新しい日本社会をリードしていく人材になると考えている。

あとがき

　「AI白書2020」(IPA、情報処理推進機構) では、AI人材を確保できないユーザ企業は、従業員1001名以上の企業でも72.0％と高い比率になっており、多くのユーザ企業がAIベンダーに依存してAIシステムを開発している。この結果、ユーザ企業の業務改革に貢献できないAIシステムが開発されるケースも多く、本書では、様々なAI技術の適用可能性と限界を正しく認識し、現場で有用となるAIシステムを設計できる「AIプロデューサー」の必要性を提言した。多くのユーザ企業で、経営陣と業務担当者がチームになって、人とAIの連携の仕組みを考えることが日常となり、「現場×AI」の実践事例が蓄積され、共有されていく社会の出現を望みたい。

　またICTの進歩は極めて早く、昨年辺りから、次世代インターネットとしてメタバースが注目され、例えば、AIが生成したデジタルアートについては、所有証明証としてのNFT(Non-Fungible Tokens、非代替性トークン)がメタバース内で売買されるという経済活動が始まっている。また、メタ・プラットフォームズ (旧Facebook) 社が、メタバース内の仮想会議室Horizon Workroomsをリリースし、普及する可能性も出てきた。20年前の映画「マトリクス」、10年前のアニメ「サマーウォーズの仮想都市OZ」などで描かれたメタバースというSF世界が現実になり、「現場×メタバース×AI」の研究も始まっている。コンテンツで世界を牽引してきた我が国で「現場×メタバース×AI」が広く展開される時代の到来を期待したい。

謝辞

　本書の出版に際して、放送大学BS231番組「AIプロデューサー〜人とAIの連携〜」の企画を取りまとめて頂いた中谷多哉子氏 (放送大学教授) をはじめ、森田武史氏 (青山学院大学准教授)、手嶋英之氏 (中日本高速道路専門三幹)、髙橋正樹氏 (慶應義塾大学教授)、萬礼応氏 (筑波大学助教)、柊原礼二氏 (慶應義塾幼稚舎教諭)、伊勢明子氏 (杉並区立浜田山小学校校長)、杉山岳弘氏 (静岡大学教授)、慶應義塾大学理工学部事務室の皆さんなど、多くの方にお世話になりました。ここに記して謝意を表します。

参考文献

第1章

[1] 山口高平, 中谷多哉子：AI システムと人・社会との関係, 放送大学教育振興会 (2020)

[2] 山口高平 (分担翻訳)：人工知能における知識ベースシステム，啓学出版 (1991)

[3] 山口高平：第五世代コンピュータから考える AI プロジェクト，人工知能学会誌, Vol.29, No.2, pp.115-119 (2014)

[4] Decision Trees and Random Forests, Interdisciplinary Center for Applied Machine Learning, https://www.icaml.org/canon/algo/classification/Tree_Forest/Tree_Forest.html

[5] 元田浩, 津本周作, 山口高平, 沼尾正行：データマイニングの基礎, 情報処理学会 IT Text シリーズ，オーム社（2006）

[6] 宮本和明：Deep Learning を実装した自動運転技術，Nvidia が開発し Audi などに提供，https://xtech.nikkei.com/dm/article/FEATURE/20150205/402674/?P=5

[7] 山下隆義：イラストで学ぶ ディープラーニング（改訂第2版），講談社 (2018)

[8] ImageNet Large Scale Visual Recognition Challenge (ILSVRC) https://www.image-net.org/challenges/LSVRC/

[9] NLP with genism (word2vec) https://samyzaf.com/ML/nlp/nlp.html

[10] Tomas Mikolov, Kai Chen, Greg Corrado, Jeffrey Dean: Efficient Estimation of Word Representations in Vector Space, ICLR2013, Workshop Poster (2013)

[11] Ashish Vaswani, Noam Shazeer, Niki Parmar, Jakob Uszkoreit, Llion Jones, Aidan N Gomez, Lukasz Kaiser, and Illia Polosukhin: Attention is all you need. NIPS2017, pp.6000– 6010 (2017)

[12] Jacob Devlin Ming-Wei Chang Kenton Lee Kristina Toutanova: BERT: Pre-training of Deep Bidirectional Transformers for Language Understanding, arXiv:1810.04805v2 (2018)

[13] 内閣府：AI 戦略 2019, https://www8.cao.go.jp/cstp/ai/index.html

[14] 山口高平：AI にできることできないこと, 未来からの問い, 日本学術会議 (2020)

第2章

[1] 山口高平：オントロジーに基づく業務プロセスモデリングとシステム開発，設計工学，Vol.44, No.5, pp.29-38 (2009)

[2] 森田武史, 洪潤基, 斎藤忍, 飯島正, 山口高平：SCOR オントロジーに基づく生産管理プロセスモデリング支援ツールの実装，情報システム学会誌, Vol. 11, No. 1, pp.13-47 (2016)

第3章

[1] 佐藤久, 遠藤重紀, 早坂洋平, 皆川浩, 久田真, 永見武司, 小林匠, 増田健：デジタル画像からコンクリートひび割れを自動検出する技術の開発, NEDO インフラ維持管理技術シンポジウム 2018, pp.100-103 (2018)

[2] 金井壽宏, 楠見孝編：実践知 --エキスパートの知性, 有斐閣 (2012)

[3] Ryutaro Nambu, Takeshi Morita, Takahira Yamaguchi: Integrating Smart Glasses with Question-Answering Module in Assistant Work Environment, The Review of Socionetwork Strategies, Springer, Vol.11, Issue 1, pp.1-16 (2017)

[4] Takahira Yamaguchi: AI smart glasses: Aiding maintenance work of highway equipment, Open Access Government, https://www.openaccessgovernment.org/ai-smart-glasses-aiding-maintenance-work-of-highway-equipment/93656/

[5] 山口高平：実践知能・多重知能のためのメタ AI アーキテクチャ, 人工知能学会誌, Vol.32, No.6, pp.983-987 (2017)

第4章

[1] 愛・地球博「技」のスポット, http://www.expo2005.or.jp/jp/E0/E14/kin_05.html

[2] 掃除ロボットルンバ, http://irobot-jp.com/roomba/

[3] セラピーロボット PARO, http://intelligent-system.jp/

[4] 人型ロボット Pepper, https://www.softbank.jp/robot/

[5] 金井壽宏, 楠見孝編：実践知 --エキスパートの知性, 有斐閣 (2012)

[6] Takahira Yamaguchi: User-Centric Platform PRINTEPS for Unified AI Robot Applications, Open Access Government, https://www.openaccessgovernment.org/ai-robot-applications/73751/

[7] Takahira Yamaguchi: Robotics: The story of a multi-robot café with PRINTEPS, Open Access Government, https://www.openaccessgovernment.org/robotics-the-story-of-a-multi-robot-cafe-with-printeps/84602/

[8] Takeshi Morita, Naho Kashiwagi, Ayanori Yorozu, Hideo Suzuki, Takahira Yamaguchi: Evaluation of a Multi-Robot Cafe based on Service Quality Dimensions, The Review of Socionetwork Strategies, Springer, Vol.14, Issue 1, pp.55-76 (2020)

第5章

[1] AI4K12,https://ai4k12.org/

[2] プログラミング言語 Kitten,https://tech.qq.com/a/20160623/009830.htm

[3] みらプロ,https://mirapro.mext.go.jp/

[4] Takahira Yamaguchi: AI&TA Robots in the classrooms of primary school, Open Access Government,

https://www.openaccessgovernment.org/aita-robots-in-the-classrooms-of-primary-school/79257/

[5] Takeshi Morita, Shunsuke Akashiba, Chihiro Nishimoto, Naoya Takahashi, Reiji Kukihara, Misae Kuwayama, Takahira Yamaguchi: A Practical Teacher-Robot Collaboration Lesson Application Based on PRINTEPS, The Review of Socionetwork Strategies, Springer, Vol.12, Issue 1, pp.97– 126 (2018)

[6] 山口高平：浜田山小学校でのPRINTEPSによるAI教育実践, 杉並区立浜田山小学校研究発表会 (2020)

[7] 森田武史，高橋尚也，小須田瑞季，山口高平：知識チャンク再利用支援ツールを利用した教師ロボット連携授業システムの開発と評価, 情報システム学会論文誌, Vol.15, No.1, pp.18-37 (2019)

[8] 小野寺崚真，山口高平：ロボットプログラミング支援システムによる授業実践，第14回ロボットを活用したプログラミング教育シンポジウム，WRO Japan (2021)

第6章

[1] 神嶌敏弘：推薦システムのアルゴリズム，https://www.kamishima.net/archive/recsysdoc.pdf

[2] C. Iijima, T.Morita, Y.Enomoto, and T.Yamaguchi: A Mobility Service based on Japanese Linked Data,15th International Conference on Knowledge-Based and Intelligent Information & Engineering Systems (KES2011) (2011)

[3] T.Makiyama, Y.Ono, T.Morita, T.Yamaguchi, H.Kogusuri, T.Hideyuki and T.Sugiyama: Implementing Tourism Service Based on Linked Data with Social Experiments, Poster and Demonstration, The Joint International Semantic Technology Conference (JIST) 2014 (2014)

[4] 杉山岳弘，大野祐，牧山宅矢，森田武史，小薬洋昭，手嶋秀之，山口高平：高速道路からの立ち寄り観光推薦アプリの開発および実証実験, 観光と情報，Vol.14, No.1, pp.27-42 (2018)

第7章

[1] 森田武史，山口高平：業務ルール管理システムBRMSの現状と動向，人工知能学会誌，Vol.29，No.3，pp.277-285 (2014)

[2] 高野拓海，森田武史，山口高平：BRMSとWebサービスの連携による間接業務の自動化，情報システム学会第16回全国大会・研究発表大会 (2020)

[3] 増村和季, 末廣航平, 森田武史, 山口高平：異種オントロジーと作業報告書を活用した意味検索エンジンの構築，第15回情報システム学会全国大会・研究発表大会プログラム (2020)

第8章

[1] Hiroki Ono, Kaito Koike, Takeshi Morita, Takahira Yamaguchi: Ontologies-Based Pupil Robot Interaction with Group Discussion, International Conference on Knowledge-Based and Intelligent Information & Engineering Systems (KES2019), pp.2071-2080 (2019)

[2] Takahira Yamaguchi: Artificial intelligence robot to support group discussion with pupils, Open Access Government, https://www.openaccessgovernment.org/artificial-intelligence-robot-to-support-pupils/87794/

[3] 山口高平：主張／AIプロデューサー育成を，日刊工業新聞 (2021)

索引

記号・数字
3W1H 72

A
AI4K12 100
AIスマートグラス 149
AlexNet 43

B
BERT 47
BPMS 130
BRMS 130

C
CaboCha 44
CBOW 46
CNN 150
CYC 24

D
DOCTOR 13
DX 152
DX銘柄 139

E
ELIZA 13

F
Furhat 95

G
GIGA 101
Gini Index 35
GLUE 47
GoogleNet 43
GPT-3 47

H
HPP 17
HSR 93

I
ILSVRC 42
IoT 54
ITKハンドロイド 95

J
JACO2 .... 93, 95

K
Kitten 101

L
LMS 105
LOD 54

M
MeCab 44
MRR 138
MYCIN 17

N
NAO 105
NEDO 70

P
PRINTEPS 87, 150
Prolog 12

R
ResNet 43
ROS 89
RPA 130

S
SCM 97
SCOR 149
Scratch 101
Self-Attention 46
SeNet 43
Siri 13
Skip-Gram 45
SociBot 104
SOTA 109, 142
SQuAD 47
STRIPS 14

T
Toy Problem 16
Transformer 46, 139

W
Word2Vec 45

X
XAI 21, 152

あ

IS-A 関係	54
愛知万博	86
悪構造問題	22
ASIMO	86
As-Is モデル	58
アレン・ニューウェル	11
暗黙知	72, 150
暗黙ルール	132
家康くん	124
一人前	72
一般用語	139
IF-THEN ルール	18
意味検索エンジン	136, 151
インスタンス	56, 81
インターネット元年	38
後ろ向き推論	19
うどん板前ロボット	95, 150
AI エンジニア	49
AI 人材育成	48
AI スマートグラス	75
AI 統括責任者	49
AI プロジェクトマネージャー	49
AI プロデューサー	10, 51, 149
HAS-A 関係	59
エキスパートシステム	22
XOR 関数	17
エドワード・アルバート・ファイゲンバウム	17
エドワード・ショートリフ	18
エントロピー	25
(ＯＡＶ) 表現	18
オープンデータ	127
オントロジー	54, 142, 144

か

カーネルトリック	33
概念階層	81
概念階層木	55
過学習	37
学習単元	108
確信度	18
隠れ層	37
観光行動事例の知識グラフ	122
観光施設の知識グラフ	121, 122
観光地立ち寄り推薦システム	118
関数化	111
間接業務	130
機械学習	25
GIGA スクール	150
記号主義 AI	16
Q&A	75
教育システム	81, 83, 150
強化学習	65
競合解消戦略	20
教師あり学習	25
教師なし学習	25
教師向け AI ロボットセミナー	109
教師ロボット連携授業	150
教師ロボット連携授業知識再利用ツール	108
協調フィルタリング	117
業務担当者	49
業務プロセス系列	89
局所表現	44
議論拡張	144, 147, 151
議論展開	142
議論誘導	142
クーポンの知識グラフ	121
具材オントロジー	96
具体化促進	145, 147, 151
クラスタリング	25
Creativity（創造性）	83
繰り返し	111
グループ討論	151
クレーム	96
K-means 法	25
形式知	72, 150
形式ルール	132
形態素	44
決定木学習	25
欠落	63
言語処理向けのディープラーニング BERT	151
検索エンジン	116, 125, 136
ゴールツリー	73
合意形成	145
後継文予測	47
構文解析	44
コミュニケーションの流れ	103
混在	62
コンバージョン率	125, 150

さ

サービスロボット	86
最小支持度	30
サブ画面	111
サプライチェーンマネジメント	56
サポートベクターマシン	31
産業用ロボット	86
シーモア・パパート	17
刺激と反応のモデル	13
自己教師学習	47

自然言語処理	44
質問応答	142
自動配達ロボットプログラミング演習	112
自動プログラミング機能	89
シナリオエディタ	103
授業シナリオ	108
授業の流れ	103
熟達化 5 段階モデル	71
熟達者	72
手段―目標解析 MEA	11
熟考的知能	88
出張お助け君 AI	133, 135, 151
出張旅費申請業務	130
小学生グループ討論 AI ロボット	142
条件分岐	111
常識	72
常識推論	47
情報透明性	67
初学者	72
初心者	72
ジョセフ・ワイゼンバウム	13
ジョン・アラン・ロビンソン	12
進行管理	142
人工無能	13
推薦アイテムデータ	119
推薦システム	117
推論エンジン	18
スクール	101
SCOR オントロジー	58
SCOR 現場モデル	62
SCOR 標準参照モデル	62
SCOR モデル	57
スマート工場	54
Slack	144
生産管理用語	58
生産工程管理支援ツール	64
雪氷対策業務支援システム	79
説明機能	20
線形分離問題	17
専門知	72
専門用語	138
Social Intelligence（社交性）	83
相関ルール学習	30
相互運用性	67
即応的知能	88
属性	26
ソフトマージン最小化	32

た

ダートマス大学	11
第 1 次 AI ブーム	11
第 5 世代コンピュータ	23
大学生グループ討論	144
対立解消	151
多重知識表現	79, 80, 149
多重知能	87
多層パーセプトロン	36
畳み込み層	40
畳み込みニューラルネットワーク	40
多頻度アイテム集合候補	30
単一化	12
単語の分散表現	45
探索	13
知識獲得ボトルネック	37
知識グラフ	54, 81, 138, 150, 151
知識工学	21
知識再利用ツール	150
知識推論 AI	10
知識の外在化性	72
知識の関連性	82
知識の深淵性	72
知識表現形式	72
知識ベース	22
知識ベース開発過程	74
知識推論 AI	149
チャットボット	139
中堅者	72
調理器具オントロジー	96
直接業務	130
データ学習 AI	10, 149
ディープラーニング（深層学習）	38
定理自動証明	11
Dexterity（手先の器用さ）	83
デビッド・ラメルハート	37
To-Be モデル	58
統合知能	88, 139
導出原理	12
特徴マップ	41
ドメインオントロジー	142

な

ナイーブベイズ	27
内容ベースフィルタリング	117
ナレッジエンジニア	18
似顔絵	93
2 種類のスマートグラス	83
日本語 Wikipedia オントロジー	142
ニューラルネットワーク	15
ニューラルネットワーク研究の歴史	38

ニルス・ニルソン	13
認知ー実行サイクル	20
ネオコグニトロン	40

は

ハーバート・アレクサンダー・サイモン	11
Python プログラム	89
バスケット分析	31
バックプロパゲーション	37
発言促進	142
PARO	87
判断知識	73
汎用問題解決器 GPS	11
非線形分離問題	17
半構造化問題	22
人の体の仕組み	103
ひび割れ検知プログラム	70
ヒューリスティックス	17
プーリング層	40
フィルタの学習	41
フォレスト	36
不確実性推論	20
福島邦彦	40
フランク・ローゼンブラット	15
振り子の実験	105
プロセスカテゴリー	57
プロセス要素	57
プロパティ	54
分散型決定	67
分散表現	44
文脈解析	44
分離	63
平均逆順位	138
平均情報量	25
ベイズ則	29
並列推論マシン	23
ベクター	110
Pepper	87, 93, 103
ボードゲーム	16
ホーム画面	111

ま

マージン最大化	32
マービン・ミンスキー	17
前向き推論	19
マクロレベルの業務プロセス系列	89

マスク言語モデル	47
マルチメディア	76
マルチロボット喫茶店	93
ミクロレベルの業務プロセス系列	90
三段論法	12
みらプロ	101
民生用ロボット	86
迷惑メール	29
メディエータ	92
目標（報酬）	65
文字列照合	136, 138, 151

や

ユーザデータ	117, 118
ユーザの知識グラフ	122
尤度	28
要求分析	118
要素知能	88
余剰	63

ら

ランダムフォレスト	35
ランダム分割属性選択	35
リチャード・ファイクス	13
料理オントロジー	96
りんな	46, 139
ルール	73
ルールエディタ Drools	93
ルールの妥当性・合理性	73
ルールベース	19
ルカン	40
Rumba	87
レコメンデーション	29
ロボットオントロジー	96
ロボット喫茶店	150
ロボット新戦略	87
ロボット操作	108
ロボットの自律行動計画	15
ロボットプログラミング授業	110
ロボットレストラン	97

わ

ワーキングメモリ	19
ワークフロー	73, 89
話題転換	145, 147, 151
One-hot ベクトル表現	44

著者紹介

山口 高平（やまぐち たかひら）

1957年生まれ。1984年大阪大学大学院工学研究科博士課程修了。工学博士。
大阪大学産業科学研究所助手、静岡大学工学部助教授・情報学部教授、慶應義塾大学理工学部教授を経て、慶應義塾大学名誉教授。
人工知能学会元会長。電子情報通信学会フェロー。情報システム学会元会長、現名誉会長。オントロジーと知識グラフ、データマイニング、知能ソフトウェア工学、知能ロボットなどの研究に従事。
また、NHKサイエンスゼロ、あさイチ等に出演し、マスメディアを通して、AIを分かりやすく解説している。
著書は『AIシステムと人・社会との関係』（共著、放送大学教育振興会）『人工知能とは』（分担、近代科学社）『データマイニングの基礎』（共著、オーム社）など。

◎本書スタッフ
編集長：石井 沙知
編集：伊藤 雅英
図表製作協力：菊池 周二
表紙デザイン：tplot.inc 中沢 岳志
技術開発・システム支援：インプレス NextPublishing

●本書に記載されている会社名・製品名等は、一般に各社の登録商標または商標です。本文中の©、®、TM等の表示は省略しています。
●本書は『AIプロデューサー』（ISBN：9784764960435）にカバーをつけたものです。

●本書の内容についてのお問い合わせ先
近代科学社Digital　メール窓口
kdd-info@kindaikagaku.co.jp
件名に「『本書名』問い合わせ係」と明記してお送りください。
電話やFAX、郵便でのご質問にはお答えできません。返信までには、しばらくお時間をいただく場合があります。なお、本書の範囲を超えるご質問にはお答えしかねますので、あらかじめご了承ください。

●落丁・乱丁本はお手数ですが、（株）近代科学社までお送りください。送料弊社負担にてお取り替えさせていただきます。但し、古書店で購入されたものについてはお取り替えできません。

AIプロデューサー
人とAIの連携

2022年7月15日　初版発行Ver.1.0
2024年10月31日　Ver.1.1

著　者　山口 高平
発行人　大塚 浩昭
発　行　近代科学社Digital
販　売　株式会社 近代科学社
　　　　〒101-0051
　　　　東京都千代田区神田神保町1丁目105番地
　　　　https://www.kindaikagaku.co.jp

●本書は著作権法上の保護を受けています。本書の一部あるいは全部について株式会社近代科学社から文書による許諾を得ずに、いかなる方法においても無断で複写、複製することは禁じられています。

©2022 Takahira Yamaguchi. All rights reserved.
印刷・製本　京葉流通倉庫株式会社
Printed in Japan

ISBN978-4-7649-0721-8

近代科学社 Digital は、株式会社近代科学社が推進する21世紀型の理工系出版レーベルです。デジタルパワーを積極活用することで、オンデマンド型のスピーディで持続可能な出版モデルを提案します。

近代科学社 Digital は株式会社インプレスR&Dが開発したデジタルファースト出版プラットフォーム"NextPublishing"との協業で実現しています。